史記的人物世界

林聰舜 著

三民書局

三版序

《史記的人物世界》二〇〇三年由三民書局出版，後於二〇一五年更改封面，發行二版，近日編輯部準備改版重排。目前市面上有關《史記》的著作相當多，這本年輕時的論述仍有機會改版重排，是讀者對作者很大的鼓勵。

喜歡歷史的人大概都很陶醉於「讀史使人聰明」這句話，事實上讀史而膠柱鼓瑟者也不乏其人，因此讀史應該是有訣竅的，以《史記》為例，我們應該採用哪一種閱讀的進路(approach)？

由解讀「人物」的進路論《史記》，是進入《史記》世界最簡易但也是最直接的方式。其為最簡易，是因為《史記》的人物書寫對象都是具有代表性的不平凡人物，加上史公擅長寫人物，傳主的精神面貌具有強大的磁性，讀者會很容易被引領到《史記》的歷史世界；其為最直接，是因為《史記》的人物不只具有鮮明特點的個性，更具有典型性，能反映史公的歷史觀察與歷史理解，在典型人物的行動世界中，可以反映出人物性格、人物社會性，甚至帶出歷史社會的真相。由是，透過「人物」的解讀，最能直接深入史公想呈現的「具見其表裡」的歷史真實與作史理想，這也是史公的夫子自道：「我欲載之空言，不如見之於行事之深切著明也。」「空言」與「行事」的對比，是抽象的義理與藉史以明經義（王道理想）的對比，司馬遷認為，透過以人物傳記為主的歷史記載，對於傳達歷史真實與作史理想，是更為直接，更為「深切著明」的。

經典值得後人不斷詮釋，《史記》作為最具代表性的史學經典，一定會有後繼者繼續提出新的詮釋，而透過「人物」的解讀，也將永遠是很重要的詮釋方式。

二〇二〇年五月

自序

林聰舜

《史記》長久以來一直被視為第一流的文學作品與史學作品，而它的文學性以及對歷史的獨特觀察，主要是透過人物傳記表現出來。因此，深入《史記》的人物世界，是讀者進窺《史記》宗廟之美、百官之富的重要法門。

司馬遷寫人物，可謂能窮「傳神寫照」之能事，他擅長用寫故事的方式，塑造人物性格，充滿了趣味性；更擅長藉著傳主某些看似無關緊要的人生片斷，詮釋人物性格，並解釋傳主一生的發展。於是，史公筆下的人物，都是活生生的、引人入勝的歷史人物。

當然，《史記》人物不但是活生生的、特殊的具體人物，更是結合了人物的個別性與典型性，具有能代表某些重要的社會面的典型。因此，透過人物傳記的整合，《史記》就可以呈現出由獨特的歷史觀察而來的完整且獨特的歷史圖像，傳達史公有別於正統學者的「一家之言」；也可以呈現出歷史中的大問題與大趨勢，到達「通古今之變」的高度。

人物個別性與典型性的結合，其實也是個別性與普遍性的結合，《史記》達到這個程度，也就顛覆了亞里斯多德在《詩學》(*On Poetics*)中對詩與歷史的評價。亞氏認為詩比歷史更哲學、更莊重，因為歷史家只描述已發生的特殊事件，如此則不具有普遍性；詩人所描述的，則是某種理想的型，具有更大的普遍性，是未來可能發生之事。亦即「詩所顯示的為一種更高的真實。所謂更高的真實，不是已有的真實，而是可能的真實。」然而，若能理解《史記》藉著人物個別性與典型性的結合，已經達到個別性與普遍性結合的高度，亞氏重詩輕歷史的評價就不能成立了。

進入《史記》的人物世界，讀者可以看到背後呈現的深刻的人性與歷史觀照，看到各類型的生命在歷史場景中呈現的各種風姿。更重要的是，這些人物也是能反映歷史的普遍性的人物典型。透過史公的妙筆，這些人物傳記確實顯示了「更高的真實」——一種未來仍可能發生的真實。讀歷史能到達這個程度，所謂「以史為鑑」或「讀史使人聰明」才算有了具體的落實。

筆者在清華大學中文系所講授《史記》課程已歷十餘載，這本集子代表十幾年來教學相長的心得記錄。其中約有一半篇幅曾在《國文天地》發表過，這要感謝當時擔任總編輯的龔鵬程教授，他在《國文天地》特別開闢「《史記》人物論」專欄讓我發揮，讓平日須盡義務寫嚴肅、枯燥的論文的人，能有機會用比較活潑、有趣的方式詮釋《史記》。這個經驗，隨著年事漸增，更覺彌足珍貴。

承蒙三民書局的雅意，讓這本集子能順利與讀者見面。博雅君子，請不吝賜教。

於新竹清華園二〇〇三年五月

史記的人物世界

目次

天道的破產與正義法則的追尋

——伯夷叔齊怨邪非邪？

〈伯夷列傳〉何以居列傳之首？

〈伯夷列傳〉是《史記》七十列傳之首，司馬遷為此一事蹟可疑的人物立傳，其理由除了〈太史公自序〉中所說的「末世爭利，維彼奔義，讓國餓死，天下稱之」，嘉許他重義能讓；或者如陳直所述：「《史記》年表首共和，本紀首黃帝，世家首太伯，列傳首伯夷，皆表揚讓位、反抗君主者。」[1]認為〈伯夷列傳〉列為傳首，是司馬遷「表揚讓位、反抗君主」的一貫立場的表現。尤其值得注意的是，這篇史傳幾乎就是司馬遷企圖重建正義法則之抱負的宣告，是值得和〈太史公自序〉並讀的文字。

林雲銘曾評〈伯夷列傳〉云：「此篇人無不讀，讀者無不贊其妙，至問其立言之意，則茫然也。」[2]的確，幾千年來，伯夷、叔齊雖在傳統士大夫心目中留下了高潔的形象，

[1] 陳直述吉鳳池語，見陳氏，《史記新證》，頁一一九，北京：人民，一九七九。

並且被許多士人引為知己，但司馬遷寄託在〈伯夷列傳〉中的微旨深義卻鮮有人能真正掌握。茲先順著〈伯夷列傳〉的文章脈絡略作分析，探討司馬遷面對天道破產的困境，如何重建正義的法則，最後再以〈伯夷列傳〉與《舊約・約伯記》作一比較，探討具有虔誠宗教信仰的西方人與具有濃厚人文精神的中國人，在正義法則失效時，如何面對它？如何找到自處之道？

伯夷、叔齊有「怨」嗎？

伯夷、叔齊的事蹟本來相當隱晦，司馬遷寫〈伯夷列傳〉的主要目的又是借他人酒盃，澆自己胸中塊壘，所以在本傳一開始，司馬遷就必須對傳說中的許由、務光、伯夷等鄙棄權位的隱士事蹟之有無作一番論定，訂出立傳的標準。他首先肯定「考信於六藝」是學者的本分，而《尚書》所記載的傳天下之事極其慎重，所以許由、務光、卞隨等逃國的隱士事蹟值得懷疑。不過，太史公曰：「余登箕山，其上蓋有許由冢云。」因此又未必可以斷然排除這些逃國的隱士事蹟的可能性。最後，司馬遷只好請出孔子，以這些人物是否曾得到孔子的論列為標準，如果這些人物曾得到孔子論列，其事蹟雖不見於六藝，也可據以立

2 林雲銘評注，《古文析義》，卷三，頁一六三，臺北：廣文。

傳。於是吳太伯、伯夷、叔齊雖屬傳說中人物，也都取得立傳的資格。

然而，孔子對伯夷、叔齊的論斷，司馬遷卻不以為然。孔子認為「伯夷、叔齊，不念舊惡，怨是用希。」「求仁得仁，又何怨乎？」司馬遷卻根據軼詩（〈采薇〉之詩）與別傳的記載，認為夷、齊不直武王所為，恥食周粟，隱於首陽山，採薇而食，終致餓死，不可能沒有「怨」。他們的「怨」可以在〈采薇〉之詩明顯看出來，其辭曰：

> 登彼西山兮，采其薇矣。以暴易暴兮，不知其非矣。神農、虞、夏，忽焉沒兮，我安適歸矣？于嗟徂兮，命之衰矣！

在伯夷、叔齊眼中，武王伐紂並不是什麼「弔民伐罪」的義舉，而是「以暴易暴」的暴行。但武王既已統一天下，「天下宗周」，還有誰敢批評武王？還有誰不稱頌武王？忠於自己理想的伯夷、叔齊，在世間既找不到樂土，又不願屈服於暴力，只好以「義不食周粟」的方式，用死亡來嘲笑武王的政權。由此看來，伯夷、叔齊豈能無「怨」！

其實，作史態度極為謹嚴的司馬遷，對〈采薇〉之詩未必深信，對別傳的記載也未必深信，他真正相信的，是在黑暗的政治勢力下，人生不可能無「怨」。於是他藉著伯夷、叔齊之事，引出下面的一段議論。

對「天道無親，常與善人」的正義法則的質疑

在肯定伯夷、叔齊的「怨」後，司馬遷接著對「天道無親，常與善人」的正義法則提出質疑，他一口氣舉出無數的例子，證明「天道」的不可靠，把自己胸中的悲憤，盡情發洩出來。他說：

或曰：「天道無親，常與善人。」若伯夷、叔齊，可謂善人者非邪？積仁絜行如此而餓死！且七十子之徒，仲尼獨薦顏淵為好學。然回也屢空，糟糠不厭，而卒早夭。天之報施善人，其何如哉？盜蹠日殺不辜，肝人之肉，暴戾恣睢，聚黨數千人，橫行天下，竟以壽終。是遵何德哉？此其尤大彰明較著者也。若至近世，操行不軌，專犯忌諱，而終身逸樂，富厚累世不絕。或擇地而蹈之，時然後出言，行不由徑，非公正不發憤，而遇禍災者，不可勝數也。余甚惑焉，儻所謂天道，是邪？非邪？

富貴壽考的，原來都是那群無恥、邪惡之徒；而忠於理想，潔身自愛的，卻要受盡人生的苦難。司馬遷所舉的例子，無一不是對「天道無親，常與善人」此一正義法則的反諷，

因此他難免會由現實的不公平，懷疑到「天道」的不公平。在司馬遷的疑惑中，「天道」徹底破產了，「天道無親，常與善人」的正義法則，不過是騙人的把戲罷了。

司馬遷對正義法則的懷疑，所探討的可以是亙古以來人類永恆的問題，但他的悲憤卻是直接衝著漢王朝而發的。在人間的正義是依賴公平的仲裁者來實現的時代，如果掌權者本身就是不義與罪惡的代表，如果掌權者所訂定的是非善惡、仁義道德等標準，只是方便他們剝削下民的工具，那麼，顛連無告的大眾，難道還要相信掌權者宣傳的那套「王道」、「天道」的鬼話！「非公正不發憤，而遇禍災」，司馬遷本人就是一個活生生的例子，他是受害者，難怪會如此憤慨，也難怪他在〈游俠列傳〉中明白宣告，除了統治者那一套「正義」外，還有另一套更值得珍惜，屬於下層人民的正義標準。

司馬遷如何面對「天道」破產的困境

「天道」既告破產，「善有善報」、「福德一致」的願望已成泡影，但隨波逐流，事實上又是懷有道德理想的人所不甘為。對此，司馬遷認為道義本身有其獨立的價值，人應該為自己的行為負責，人的尊嚴是無價的。因此，他特別標舉孔子所主張的「各從其志」、「從吾所好」的自我抉擇，肯定舉世混濁中，不放棄追求道德理想者的價值。

但是，正義之士固然願意為理想忍受各種苦難，惟「君子疾沒世而名不稱焉」，如果一輩子堅持理想而不能見知於人，得不到人們的任何肯定，終歸是一種遺憾。而在舉世混濁之中，唯一能使君子的苦心不致埋沒的，只有聖人了。所謂「同明相照，同類相求，雲從龍，風從虎，聖人作而萬物睹。」只有聖人興起，萬物的實情才能大白於世，就像伯夷、叔齊與顏淵，生前雖遭到不幸，但由於孔子的稱頌，他們的德行與苦心終能為世人所知。不過，還有更多淪落下僚的賢能之士，卻沒有顏淵等人幸運，得不到聖人的頌揚，因此他們的事蹟堙滅而不彰，這種人又有誰替他們主持公道？司馬遷感歎的說：「巖穴之士，趣舍有時，若此類名堙滅而不稱，悲夫！閭巷之人，欲砥行立名者，非附青雲之士，惡能施於後世哉？」

行文至此，司馬遷的抱負已躍躍欲出。他要效法聖人，替受委屈的人打抱不平，為人間伸張正義，使欲砥行立名的人，得以傳名後世。他認為，透過歷史的忠誠記載，可以還給那些在現實世界受到委屈的人公平。史家的良知與責任感，使他願意承擔下這分重責大任，「天道」雖然破產了，但他要以公正的史筆，「替天行道」，使忠臣義士不朽。這也就是他在〈太史公自序〉中所說的抱負——他要把《史記》寫成可以當作人世間準則的《春秋》。透過以上的途徑，司馬遷終能突破「天道」破產後的困境，找到自己的努力方向。

面對正義法則破產後的兩種態度——〈伯夷列傳〉與〈約伯記〉的比較

「善有善報，惡有惡報」是普天下的人對人間正義的基本嚮往，當此一正義法則破產後，宗教情操大不相同的中西雙方，有著極為不同的處理方式，我們如果拿〈伯夷列傳〉與《舊約．約伯記》作一比較，可以發現很多值得注意的現象。

在〈伯夷列傳〉中，司馬遷既懷疑賞善罰惡的天道存在，感歎正人君子的顛連無告，而他既沒有死後宗教審判的觀念，在他的心裡，正人君子在世上所受的委屈，也就不可能透過死後宗教審判的方式獲得平反。於是他奮起作史，想以歷史的正義濟天道之窮，彌補正人君子在人世間遭到的委屈與缺憾。在此，歷史的賞罰遂取代了「天道」的賞罰，人類靠著自己的力量建立了取代「天道」的正義秩序。對於此一歷史褒貶的功能，徐復觀有段頗富啟發性的話。他說：

> 所謂宗教精神，可概舉兩點。一是鬼神世界的存在，以滿足人類永生的要求。……另一則是以神的賞善罰惡，為神對人類前途提供保證的精神；這也可以說是神突破人世間一切阻力，對人類所作的審判。史向人文演進後，其最大任務，即在記錄人

世重要行為的善惡，昭告於天下後世。他們在實行此一任務時，感到這是將人類行為的善惡，交付史的審判，以代替神的審判。[3]

司馬遷所以對歷史的效力抱持那麼大的信心，作史所以能激發他那麼強大的生命熱力，無疑是具有將人類行為的善惡交付歷史審判的自覺。這個自覺的產生，則是因為中國具有重視歷史褒貶的傳統，在《左傳》中，我們就看到許多由於史官「書法不隱」，使人世間的權威有所戒懼的例子。例如趙太史書曰：「趙盾弒其君。」趙盾就感傷地說：「嗚呼，『我之懷矣，自詒伊戚。』其我之謂矣。」[4]齊崔杼更為了「崔杼弒其君」五個字，殺了三個史官[5]，可見他們對史家的褒貶有多麼在乎。至於「孔子成《春秋》而亂臣賊子懼。」[6]「一字之褒，榮於華衮；一言之貶，嚴於斧鉞。」更是歷史褒貶作用的極致。

中國本土的傳統思想中，由於沒有來生的觀念或死後的宗教審判作為人世間所受委屈

[3] 徐復觀，〈原史——由宗教通向人文的史學的成立〉，《兩漢思想史》，卷三，頁二三四，臺北：學生，一九七九。

[4] 《左傳》宣公二年。卷二一，頁三六五，臺北：藝文，《十三經注疏》本。

[5] 《左傳》襄公二十五年。卷三六，頁六一九。

[6] 《孟子．滕文公下》。卷六，頁一二—一一三，臺北：藝文，《四書集註》本。

的補償，所以當人間的正義不能伸張時，很容易徹底懷疑正義法則的存在，並發展出在歷史中求取公道的思想，尤其是司馬遷更發展出一套「是非頗繆於聖人」的價值標準[7]，打破統治者對是非善惡、道德仁義的壟斷，為被壓迫的人爭取真正的是非。但在基督教傳統中，面對人間不公平的態度卻完全不同。由於對上帝信仰的虔誠，當正義的人遭到無法解釋的苦難時，他們會有不同的反應方式。

《舊約·約伯記》寫一個行為嚴謹，敬畏上帝，不做任何壞事的好人約伯，無端遭到種種劫難，他喪失了兒女和一切財產，全身從頭到腳長滿了毒瘡，但他仍然不開口埋怨上帝。約伯的三個朋友則以傳統的宗教觀點解釋約伯的災難，認為賞善罰惡是上帝的正義法則，約伯既然遭受災難，必然是自己犯了罪。約伯不接受這種解釋，他認為自己良善正直，不應接受這種殘酷的懲罰，於是他大聲質問上帝：

> 我指著永活的上帝發誓，他不以公道待我，
> 我指著全能者發誓，他使我心中悲痛。
> 然而，只要我一息尚存，

[7] 班固語，見《漢書·司馬遷傳》。這種「是非頗繆於聖人」的價值標準，在〈游俠列傳〉中表現得最為明顯。

只要上帝的氣息還在我裡面，
我的嘴唇決不說虛假的話，
我的舌頭決不撒謊。
我絕對不能承認你有理，
有生之日，我要堅持我無辜。
我確認自己無過，永不放棄這立場，
我的良心清白。[8]

又說：

上帝給我們定下的命運是什麼呢？
全能者怎樣報答人的行為呢？
他不是要降災難給不義的人嗎？
他不是要使禍患臨到作惡的人嗎？
他不是察看我的每一腳步嗎？

[8]《舊約．約伯記》，二十七章，頁六三二，香港：聖經公會（現代中文譯本）。

他不是知道我所做的一切嗎？
……[9]

約伯向上帝質問的，與司馬遷「儻所謂天道，是邪？非邪？」的疑惑相當類似，他所提出的質問，也同樣是對「正義法則」的反諷。所以他這一切渴望「正義」（Justice）的呼喊，基本上仍是正義法則何以不見了的老問題。他一再強調自己的良善無辜，不應該遭遇這麼多災難，但他是一個虔誠的信徒，並沒有失掉自己對上帝的信心，所以他不像司馬遷那樣，否認「天道」的存在，他只是不明白上帝何以如此對待他，要向上帝問個清楚。但上帝並沒有直接回答約伯的問題，只是以詩意的話告訴約伯，自己的權力與智慧是超出一般人所能領悟的。約伯最後承認自己的輕浮，承認上帝的智慧奇妙異常，縱然不能領悟，也不可懷疑。當約伯領悟了上帝的正義遠超過傳統宗教「賞善罰惡」的正義後，上帝也再度賜福給約伯，而且讓他比以前更加興旺。

從約伯的故事可以看出，在基督教傳統中，上帝的作為遠比一般的正義法則更偉大，人類不管遭到任何不合理的災難，也不能懷疑上帝的公正。因為一切表面上看來不符合正義的事件，其實還是有理的，只是人類太渺小，不能了解其中的奧妙罷了。依照此一認識，

[9] 同上，三十一章，頁六三七。

人類不管遭到多大的委屈與不平，仍要完全順伏在上帝的偉大智慧之下，不能有些許懷疑。基督教就以此一完全而絕對的信仰，解決「儻所謂天道，是邪？非邪？」的問題。

在這裡，我們很明顯看到正義法則破產，理性的天道崩潰以後，兩個不同文化背景的民族所走出的兩條道路。這兩種解決方式，除了都能帶給受盡委屈的人們精神上的慰藉外，恐怕也影響了他們對世間很多事物的看法。

恩恩相報的溫馨世界
——信陵君和他的門下客

傳統士大夫最心儀的溫馨世界

〈魏公子列傳〉長久以來一直廣受國人歡迎，幾乎每種《史記》選本都收錄這篇文章，其原因並不是《史記》的文章中，〈魏公子列傳〉寫得特別好，而是因為它所描寫的人物、事件相當溫馨感人，能夠投合傳統士大夫的心理。信陵君魏無忌的禮賢下士、仁而愛人，固然是傳統士大夫夢寐以求的「恩公」，而侯生（侯嬴）那種「意氣兼將身命酬」，殺身以報知己的節操，也夠悲壯，夠令人心儀。

信陵君「仁而下士」的精神風貌

在本傳中，司馬遷幾乎全用虛筆描寫信陵君的精神風貌。文中藉著信陵君與侯生、毛公、薛公等人交遊的事蹟，刻劃他「仁而下士」的性格，對於信陵君重要的事功，諸如救趙、伐秦等，反而輕輕帶過，但這種抓住人物特性，選擇主要事件作集中描寫的手法，卻把信陵君的性格烘托得特別突出。我們由此可以了解，描寫偉大人物時，並不一定要描寫他的偉大事功才算成功。對於此點，清姚祖恩已有見及，他說：

不知文者，嘗謂無奇功偉烈，便不足垂之青簡、照耀千秋。豈知文章予奪，都不關實事。此傳以存趙起，抑秦終；然竊符救趙，本未交兵，即逐秦至關，亦只數言帶敘，其餘摹情寫景，按之無一端實事，乃千載讀之，無不神情飛舞，推為絕世偉人。文章有神，夫豈細故哉！[1]

信陵君與侯生交往的故事相當膾炙人口。侯生是一個又老、又窮、身分又低的隱士，在大梁夷門看守城門，與魏王之弟信陵君這個貴公子的身分根本無法相比。信陵君想網羅他，未能如願，就先置酒大會賓客，然後親自駕車迎接侯生，侯生不但不推讓，還故意考驗信陵君的誠意，要信陵君繞道去見友人朱亥，並且故意久立談話，觀察信陵君，但信陵君卻「執轡愈恭」、「顏色愈和」、「色終不變」，保持一貫謙退的態度，侯生這才滿意，登車

[1] 姚祖恩，《史記菁華錄》，卷三，頁一二二，臺北：聯經，一九七九。

赴公子家，信陵君引侯生坐上座，把他介紹給滿堂賓客，「賓客皆驚」。

信陵君的表現不管是不是刻意表演，他這種不計較貴賤身分、禮賢下士的大手筆，確實足以讓人感動。試想沉淪下僚一輩子，生命已近人生盡頭的侯生受此禮遇，怎會不把信陵君引為知己，捨身圖報？

意氣兼將身命酬——報答知遇的情感昇華

後來，秦圍邯鄲，魏王派晉鄙將十萬眾救趙，但畏於秦威，不敢進擊，採取兩面政策觀望形勢，信陵君受不了趙平原君之激，「計不獨生而令趙亡，乃請賓客，約車騎百餘乘，欲以客往赴秦軍，與趙俱死。」想悲壯地表現出急人之難的「高義」，最後幸好由侯生獻計，透過如姬竊出魏王兵符，並介紹朱亥同行，椎殺晉鄙，取得兵權，解邯鄲之圍。更令人震撼的，侯生就在信陵君至晉鄙軍之日，自刎以謝信陵君。

我們可以發現，整個事件的發展過程，都有「報恩」的觀念與行動貫串著。侯生獻計後自刎，固然是報恩；朱亥為信陵君椎殺晉鄙，也是為了報恩，所以信陵君邀他同行時，他爽快答應，說：「臣乃市井鼓刀屠者，而公子親數存之，所以不報謝者，以為小禮無所用。今公子有急，此乃臣效命之秋也。」此外，如姬冒險竊出兵符，也同樣是為了報恩，

「如姬父為人所殺，如姬資之三年，自王以下欲求報其父仇，莫能得。如姬為公子泣，公子使客斬其仇頭，敬進如姬。如姬之欲為公子死，無所辭，顧未有路耳。公子誠一開口請如姬，如姬必許諾。」

這麼多人願意冒生命危險，甚至願意殺身報答信陵君，可以看出信陵君的「仁而下士」一定有特別令人感念之處。此外，「報恩」也應該是當時的一種風氣，所以侯生可以斷定如姬必然願意為信陵君竊出魏王兵符，而信陵君欲殉趙之難，拜訪侯生，侯生無一言半辭相送，信陵君恨而復返，他們之間的一席對話也頗堪玩味。

行過夷門，見侯生，具告所以欲死秦軍狀。辭決而行。侯生曰：「公子勉之矣，老臣不能從。」公子行數里，心不快，曰：「吾所以待侯生者備矣，天下莫不聞。今吾且死，而侯生曾無一言半辭送我，我豈有所失哉？」復引車還問侯生。侯生笑曰：「臣固知公子之還也。」曰：「公子喜士，名聞天下。今有難，無他端，而欲赴秦軍，譬若以肉投餒虎，何功之有哉！尚安事客？然公子遇臣厚，公子往而臣不送，以是知公子恨之復返也。」

由此看來，施受恩惠的雙方似乎有不成文的契約關係存在，受恩者必須回報是一種規矩，受而不報則破壞了這個規矩。信陵君因為預期侯生會有回報而不得，才會「恨之復返」，而侯生所說的「公子喜士，名聞天下。今有難，無他端，而欲赴秦軍，譬若以肉投餒虎，何功之有哉！尚安事客？」也正說明了「養士」具有實用目的，甚至可算是一種社會投資[2]。

然而，侯生自刎以謝信陵君的行為卻已超出這種商業性的交換關係，因為他獻計替信陵君竊出兵符，已經算是回報了信陵君的恩惠，在契約關係上已能交代得過，而且自刭本身對信陵君也沒有任何實質意義，所以信陵君與侯生兩人之間的關係，應該已經算是一種昇華為精神上肝膽相照的關係。人在微賤時最容易體會到知遇之情的溫馨，信陵君對待侯生的，是史無前例的知遇之情，所以侯生對信陵君的虧欠之情是無窮無盡的，就像《水滸傳》中的阮小五與阮小七所說的：「這腔熱血只要賣與識貨的！」只要能表達對信陵君的感激，一個七十歲的老翁，還有什麼捨不得付出的？王維的〈夷門歌〉很能寫出侯生這種心情。〈夷門歌〉云：

[2] 讀者若有興趣探討「報」的觀念，可參考楊聯陞，〈報——中國社會關係的一個基礎〉，段昌國等譯，《中國思想與制度論集》，臺北：聯經，一九八一；文崇一，〈報恩與報仇：交換行為的分析〉，楊國樞、文崇一編，《社會及行為科學研究的中國化》，臺北：中研院民族所，一九八二。

七雄雄雌猶未分，攻城殺將何紛紛。
秦兵益圍邯鄲急，魏王不救平原君。
公子為嬴停駟馬，執轡愈恭意愈下；
亥為屠肆鼓刀人，嬴乃夷門抱關者。
非但慷慨獻奇謀，意氣兼將身命酬；
向風刎頸送公子，七十老翁何所求？

的確，窮途潦倒一輩子，在人生旅程即將結束時，因信陵君的知遇，終能揚眉吐氣，並能展現個人的才華，人生至此已無遺憾，這時，「向風刎頸送公子」，以生命報答知遇之恩，不就等於替生命劃上一道最美麗的休止符嗎？

信陵君救趙後，留居趙國，他在趙國網羅毛公、薛公的事蹟，再度強化他「仁而下士」的形象。他不但真能忘掉自己的身分，禮賢下士，而且能知人於微賤之時，這種表現與其他貴公子養士以擺闊、充場面的「豪舉」是大不相同的。在對待毛公、薛公的態度上，信陵君一下子就把平原君比下去了，而毛公、薛公最後也發揮極大的作用，證明信陵君並非妄從博徒賣漿者游的「妄人」[3]。

---

[3] 平原君評信陵君語。《史記．魏公子列傳》，卷七七，頁二三八二。《新校本史記三家注并附編二種》，臺北：

養士的現實作用與魏王的猜忌

信陵君與門下客之間，既有意氣相投的情分，也有共存共榮的依存關係。信陵君事業的成就，完全在他能善用門下客的智慧，善用這群中下階層人物的力量，是這群食客的力量，才烘托出信陵君事業的光輝。信陵君一生中的重大事功，如救趙、伐秦等，都有門下客在那邊獻計、策劃。司馬遷很能看出門下客對信陵君的貢獻，所以本傳一開始就點出他們之間的依存關係，「當是時，諸侯以公子賢，多客，不敢加兵謀魏十餘年。」

但是，信陵君得士之助所造成的崇高聲望，卻造成他與魏王之間的君臣矛盾。本傳記載：

公子與魏王博，而北境傳舉烽，言「趙寇至，且入界。」魏王釋博，欲召大臣謀。公子止王曰：「趙王田獵耳，非為寇也。」復博如故。王恐，心不在博。居頃，復從北方來傳言曰：「趙王獵耳，非為寇也。」魏王大驚，曰：「公子何以知之？」公子曰：「臣之客有能探得趙王陰事者，趙王所為，客輒以報臣，臣以此知之。」

鼎文，一九八五。

是後魏王畏公子之賢能，不敢任公子以國政。

這段文字相當精彩，既寫出信陵君得士之助，寫出他的爽直，也寫出君臣之間的緊張關係，而且信陵君日後屢遭「毀廢」的政治前途在此已經完全決定了。讀者或許會責怪魏王器識短淺，不能任屬賢臣，但信陵君所擁有的門客組織，就像是一個遍及國內外，無孔不入的情報組織，任何一個國君都難免會產生戒心的。何況養士真的具有培植個人聲望與實力，作為「輔國持權」[4]之資本的作用，所以也難怪魏王會如此顧忌。

史公對信陵君的傾倒——嚮往意氣相感的溫馨世界

司馬遷在〈魏公子列傳〉中，賦予信陵君十分完美的形象，並且隱然以他的生死繫魏國之安危，但事實上信陵君並非沒有人性的弱點，他的「仁而下士」並非沒有瑕疵，而且他的生死對魏國的存亡也未必有決定性的影響。在〈范睢蔡澤列傳〉中，我們看到信陵君患得患失，不敢收留得罪秦相范睢的同宗魏齊，遠比不上輕身重義的平原君以及棄官偕亡

[4]《史記·春申君列傳》云：「春申君既相楚，是時齊有孟嘗君，趙有平原君，魏有信陵君，方爭下士，招致賓客，以相傾奪，輔國持權。」卷七八，頁二三九五。

的趙相虞卿，因而遭到侯生的諷刺，最後並使魏齊負氣自剄。此外，司馬遷在〈魏公子列傳〉中，把救趙卻秦的功勞完全攬到信陵君身上，但事實上這場戰役中信陵君並沒有這麼風光，因為當時救趙的不只是魏國一支軍隊[5]，而且秦放棄攻趙，也牽涉到內部范睢與白起之間的權力鬥爭[6]。至於本傳中以信陵君的生死繫魏國安危一事，也褒揚過度，〈魏世家〉贊曰：「說者皆曰：『魏以不用信陵君，故國削弱至於亡。』余以為不然。天方令秦平海內，其業未成，魏雖得阿衡之佐，曷益乎！」應是較為持平之論。

每個歷史人物的性格總是多面性的，司馬遷為了突出人物的性格，並用以寄託他對歷史人物的褒貶，儘量維持人物的統一與完整，而把同一主題不便描寫的材料放在其他篇章裡，固然是《史記》描寫人物的一貫手法，但〈魏公子列傳〉中對信陵君如此傾倒，應該是另有原因的。司馬遷一輩子受盡屈辱，壯志難伸，他對信陵君與門下客之間那種上下相得、意氣相感的世界應該是極端嚮往的，這種嚮往之情就是他在感情上對信陵君過度傾倒的最大理由。這由他經過已成廢墟的大梁時，還特地去察考夷門的所在，可見他對信陵君枉駕迎侯生的事蹟多麼神往！

但是，中國傳統知識分子那麼偏愛〈魏公子列傳〉，把信陵君當作夢寐以求的明君賢

---

[5] 楚國也派出救兵，由春申君率領，見《史記．春申君列傳》、《史記．白起王翦列傳》。

[6] 見《史記．范睢蔡澤列傳》、《史記．白起王翦列傳》。

主，憧憬信陵君的再生，這種心態卻完全是一種病態的表現。知識分子甘為食客，不事生產，不求自立，以取悅權貴為正途，以沾蒙皇恩為得志，成天希望在上位者的恩寵降臨己身，怎麼可能自重自尊，承擔天下的責任？信陵君門下最有氣節與智謀的侯生、毛公、薛公，都是潔身自好之人，不願自動投靠信陵君門下，似乎可以給我們一些啟示。傳統的知識分子由於成天渴望恩寵降臨，於是中國文學中，多的就是這種遭人「遺棄」後自怨自艾的作品，這是知識分子的恥辱！所以信陵君和他的門下客之間那種恩恩相報、意氣相感的世界固然溫馨感人，但絕不是我們所應該留戀的。

布衣卿相背後的辛酸
——游士范睢的悲劇

雲夢秦簡《編年紀》中新史料的發現

〈范睢蔡澤列傳〉[1]是記載兩位屢遭困阨的游士范睢與蔡澤，最後終能得志於秦的故事。范、蔡的一生充滿傳奇色彩，故本篇傳記的故事性極強，其中尤其令人津津樂道的是范睢在事業處於顛峰狀態時，主動將相位讓給蔡澤，充分體現「日中則移，月滿則虧，物盛則衰」的道理，避開了商鞅、吳起、白起、大夫種等人，「伸而不能詘，往而不返」所帶

[1] 范睢的「睢」，《史記》中有些版本作「睢」，有些版本作「睢」，更有些版本「睢」、「睢」雜作。但據錢大昕考證，「戰國、秦、漢人都以且為名，讀子余切。如穰苴、豫且、夏無且、龍且皆是。且旁或加隹，如范睢、唐睢，文殊而音不殊也。」（〈武梁祠堂畫象跋尾〉）此外，《韓非子‧外儲說左上》有評論虞慶與范且言論一節，虞慶即虞卿，范且即范睢；另東漢「武梁祠石刻畫象」有范且和須賈的故事，范且亦即范睢。故范睢之「睢」當以作「睢」為是。

來的殺身之禍，得以全身而退，「長為應侯，世世稱孤，而有許由、延陵季子之讓，喬、松之壽。」[2]

在權勢如日中天時，毅然抽身而退，對於享受慣權力滋味的人而言，是相當難能可貴的，特別是對於一心求取富貴的游士而言，這種作為更是難上加難。所以范睢能夠審度時勢，急流勇退，所表現出的智慧就更令人稱羨，而范睢一生的傳奇性事蹟，更因此成為歷史上的佳話。

但是，一九七五年十二月在湖北省雲夢縣睡虎地十一號秦墓出土的新材料，卻與〈范睢蔡澤列傳〉中，這一段承襲《戰國策》的記載大相逕庭，據雲夢秦簡《編年紀》的記載：「五十二年，王稽、張祿死。」張祿即范睢，秦昭襄王五十二年（西元前二五五年）是蔡澤代范睢為相那一年，前二年，即昭襄王五十年，范睢保舉親信鄭安平為將軍，與王齕共同率兵進攻邯鄲，接替遭他讒死的秦國第一良將白起的職務，秦軍大敗，鄭安平被趙軍所圍，率二萬秦兵降趙；兩年後，范睢所保舉的河東守王稽又「與諸侯通」，使秦國在河東遭到魏、楚聯軍的打擊，河東郡與太原郡皆告失守[3]，「坐法誅」。

依照秦法，「任人而所任不善者，各以其罪罪之。」[4]因此鄭安平降趙、王稽私通諸

---

[2] 蔡澤勸范睢退位語。《史記．范睢蔡澤列傳》，卷七九，頁二四二四。

[3] 見《史記．范睢蔡澤列傳》、《戰國策．秦策三》、雲夢秦簡《編年紀》。

侯，范雎皆當連坐，罪收三族。但根據《史記》本傳記載，「秦昭王恐傷應侯之意，乃下令國中，有敢言鄭安平事者，以其罪罪之。而加賜相國應侯食物，日益厚，以順適其意。」則范雎此時仍尊寵無比，秦王甚至為他破壞了以公正嚴苛著稱的秦法。而兩年後發生的王稽事件，秦王似乎也無意加罪范雎，只是「臨朝歎息」，講了一些「內無良將，而外多敵國，吾是以憂」之類的話，「欲以激勵應侯」。

如果雲夢秦簡《編年紀》中，有關張祿死於昭襄王五十二年的記載可靠，那麼《史記・范雎蔡澤列傳》與此有關的記載就應重新加以檢討。因為張祿既與王稽死於同年，而且二人的死事又合併記載，再依照《史記》所載，范雎與蔡澤辯論的神情以及談話內容看來，在昭襄王五十二年時，范雎並不像一個染病垂死之人，當年自然死亡的可能性不大，因此我們可以大膽斷定，范雎之死極可能是受到鄭安平與王稽事件的連坐，為秦法所誅[5]。而如果此一論斷成立，那麼《史記》所載，秦王在鄭、王二事件後，對范雎仍極為優容的記載就值得懷疑，而范雎退位讓賢的美談更完全屬於虛構了。此外，縱使退後一步，承認范雎讓位蔡澤之舉，他的讓位也絕非如《史記》所載，是領悟了「物盛則衰」、「成功之下，

---

[4]《史記・范雎蔡澤列傳》，頁二四一七。

[5] 黃盛璋即持此說，見氏著，〈雲夢秦簡《編年紀》初步研究〉。（轉引自林劍鳴，《秦史稿》，頁三四七—八，臺北：谷風，一九八六年十二月，臺翻版）

不可久處」的道理，因為這時的范睢，處境已宛如霜威下的衰草，絕不必擔心太盛、太成功的問題，而秦王更不可能在他請歸相印時，「彊起應侯」，他只可能是在朝不保夕的情況下讓位，落荒而逃的。

范睢退位讓賢的事蹟雖屬虛構，但並不表示這段史料對我們毫無價值。前人何以會虛構這些故事？司馬遷何以對這些故事津津樂道？凡此，都是值得我們深入去發掘的。

得志前的困辱

戰國時代，游士逐漸得勢，布衣之徒，可立說而取卿相，這種際遇，羨煞了後世無數的士子，但在這風風光光的布衣卿相局面背後，卻不知隱藏了多少辛酸的血淚。在無數的游士中，失意者潦倒一世，任人踐踏，自不待言；即使有機會白手取富貴，平步青雲者，在得志前固然遍嚐人情冷暖，得志後處身在權力鬥爭激烈的政治圈中，也依然危機四伏，隨時有可能從高位上摔下來，人頭落地，范睢就是一個例子。

游士通常出身窮困，但他們往往負有奇才，自然不甘貧賤一世，但窮人想出頭是相當艱辛的，范睢「游說諸侯，欲事魏王，家貧無以自資，乃先事魏中大夫須賈。」可見要遊說諸侯就得準備一筆數目不小的活動費用，但這不是窮士容易籌措出來的，於是范睢只好先待在須賈家當家臣，等待機會。有一次，范雎隨須賈出使到齊國，齊襄王聞雎辯口，賞賜他金十斤及牛酒，范雎雖不敢接受，卻已經引起須賈的疑心，以為他出賣魏國的機密情報，回國後遂將此事報告魏相魏齊，「魏齊大怒，使舍人笞擊，雎折脅摺齒。雎佯死，即卷以簀，置廁中。賓客飲者醉，更溺雎。……雎從簀中謂守者曰：『公能出我，我必厚謝公！』守者乃請出棄簀中死人。魏齊醉，曰：『可矣。』范雎得出。」

范雎無端遭此大辱，差點命喪黃泉，讓我們看到白手求富貴的窮士處境的險惡。類似的例子也見於《史記・張儀列傳》，張儀和楚相喝酒，楚相丟了一塊璧，手下認為張儀「貧無行」，懷疑他偷了璧，張儀因此被綁起來鞭打幾百下。由范雎和張儀的例子，可以發現「貧」和「無行」往往會被人聯想在一起，這就更增加窮士處境的艱難。

但能成功的游士往往具有堅忍的性格，能夠忍辱負重。范雎受到笞擊後，非但不洩氣，在復仇的意念驅使下，更堅定了他取富貴的決心。這由他後來一心入秦，並對秦國局勢瞭如指掌的情況看來，他入秦藉秦國之力復仇是經過精心籌劃的。司馬遷在贊中稱：「不困阨，惡能激乎？」頗能道出此中真相。困阨非但擊不倒這些人，更成為推動他們前進的力量。此所以蘇秦出遊數歲，大困而歸，遭兄弟嫂妹妻妾恥笑後，更加發憤，讀書欲睡，則引錐自刺其股，血流至踵，當他成功後，不禁感歎的說：「使我有雒陽負郭田二頃，吾豈能佩六國相印乎？」[6]此外，如張儀遭受鞭打後，妻子笑他：「嘻！子毋讀書游說，安得此辱乎？」曰「張儀謂其妻曰：『視吾舌尚在不？』其妻笑曰：『舌在也。』儀曰：『足矣。』」⑦由此看來，這批窮士在得志前固然屢遭困辱，但這一切橫逆都打不倒他們，他們具有極堅強的意志力，能夠愈挫愈奮。

危機四伏的奪權過程

智謀、機智與辯才是游士必備的條件，他們就憑著這方面的優越條件，揣摩國君的心理，求取自身的榮華富貴。但遊說之機，隱而難察，失之毫釐，謬以千里，此所以韓非有〈說難〉之論。尤其是離間國君的骨肉親情，挑撥君臣感情，稍一不當，更隨時會有殺身之禍。我們在范睢說秦王的過程中，就可以看到這種步步驚魂的緊張性。

---

⑥《史記．蘇秦列傳》，卷七九，頁二二六二。該傳記載有些地方並不可靠，而且司馬遷本身已意識到這個問題。他說：「世言蘇秦多異，異時事有類之者皆附於蘇秦。」一九七三年底，長沙馬王堆三號漢墓出土了大批帛書，其中有一部是《戰國縱橫家書》，保存了被埋沒兩千多年的關於蘇秦的書信和談話，可以改正、補充這一階段的歷史記載，釐清《戰國策》與《史記》的錯誤。但無論如何，《史記》與《戰國策》對這些游士性格的描述仍然是相當傳神的。而且我們也不能因此完全排斥《戰國策》與〈張儀列傳〉、〈蘇秦列傳〉的記載，只要細心分辨，其中的材料有很多還是可以利用。

⑦《史記．張儀列傳》，卷七〇，頁二二七九。

樓的緊張氣氛。范雎改名張祿，由秦使王稽挾帶入秦途中所遭到的考驗，已讓人警覺到山雨欲來風滿

王稽辭魏去，過載范雎入秦。至湖，望見車騎從西來，范雎曰：「彼來者為誰？」王稽曰：「秦相穰侯，東行縣邑。」范雎曰：「吾聞穰侯專秦權，惡內諸侯客，此恐辱我，我寧且匿車中。」有頃，穰侯果至，勞王稽，因立車而語曰：「關東有何變？」曰：「無有。」又謂王稽曰：「謁君得無與諸侯客子俱來乎？無益，徒亂人國耳？」王稽曰：「不敢。」即別去。范雎曰：「吾聞穰侯智士也，其見事遲，鄉者疑車中有人，忘索之。」於是范雎下車走，曰：「此必悔之。」行十餘里，果使騎還索車中。無客，乃已。

這是穰侯與范雎政治鬥爭的一次前哨戰，其中一方對關東游士防患周密，另一方則洞燭機先，料事如神。從這次交手，可以看出范雎的機智，以及他對秦國政治情況的熟悉，也可以看出范雎的智謀勝過穰侯一籌，在秦國從事政治鬥爭的前景看好。

范雎入秦時，所面對的政治局勢，是宣太后及其異母弟穰侯專權，「私家富重於王室」。而且為了維持本身的政治利益，刻意安插親信，宣太后弟華陽君，昭王同母弟涇陽君、高

陵君皆掌大權。並一改秦國一貫任用客卿的傳統，「惡內諸侯客」，這又造成本土派與關東派之間的根本衝突。所以就此一局勢而言，范睢若不打倒太后、穰侯，必然無法在秦國立足。但范睢是一介流浪在外的游士，「交疏於王，而所願陳者，皆匡君之事，處人骨肉之間。」而當時秦王的心意又捉摸不定，若言不見信，或至洩漏，則必然死無葬身之地，這就造成其間的緊張性。

范睢的眼光非常銳利，他一眼看出王權與宗室貴族之間的矛盾，於是便能把自己的利益與昭襄王的利益結合在一起，挑撥秦王與太后、穰侯的關係，擴大他們之間的矛盾。當秦王首度召見范睢時，范「佯為不知永巷而入其中。王來而宦者怒，逐之，曰：『王至！』范睢繆為曰：『秦安得王！秦獨有太后、穰侯耳！』欲以感怒昭王。昭王至，聞其與宦者爭言，遂延迎，謝曰……。」這裡可以看出范睢的眼光與膽識，他看準了秦王與太后、穰侯之間的利益矛盾後，冒險下手，果然一擊而中，打動秦王。但這種方式其實相當冒險，所以「是日觀范睢之見者，群臣莫不洒然變色易容者。」

接著，秦王三次向范睢請教，范睢卻只回答：「唯，唯。」逼得秦王說出：「先生卒不幸教寡人邪？」范睢這才回話，但仍只是旁敲側擊，用各種烘托的手法，渲染秦國在太后、穰侯專權下，所造成的恐怖氣氛，並暗示秦王處境的危殆[8]，鼓勵秦王要斥逐太后、

[8] 對這段文章的分析，可參閱周振甫，《文章例話》，頁四一三－六，臺北：蒲公英翻印。

穰侯，自己親政。秦王終於完全被范睢說服，主動求助范睢：「事無大小，上及太后，下至大臣，願先生悉以教寡人，無疑寡人也。」秦王既主動提及太后，顯見他對太后、穰侯的弄權已極感不耐，至此范睢與太后、穰侯間的鬥爭，勝負才算稍露端倪。

但范睢仍不敢過於冒進，「未敢言內，先言外事，以觀秦王之俯仰。」他先指出穰侯在戰略上所犯的錯誤，並提出「遠交近攻」的策略，秦王馬上推動此一策略，並取得初步勝利，於是范睢更加受到信任。范睢提出此一策略既表現了他的戰略眼光，可以取得秦王信任，並可以間接削弱穰侯的地位，又可以公報私仇，打擊魏國，可謂一石數鳥之計。

范睢既日益受到秦王信任，機會終告成熟，遂進一步挑撥秦王與太后、穰侯的關係，謂太后與穰侯的權勢已超過秦王，「自有秩以上至諸大吏，下及王左右，無非相國之人者。見王獨立於朝，臣竊為王恐，萬世之後，有秦國者非王子孫也。」於是秦王大懼，廢太后，逐穰侯、高陵、華陽、涇陽君於關外。拜范睢為相，封為應侯。范睢的奪權計畫完全成功。

范睢雖然靠著他的智謀、機智與辯才奪權成功，但由他鬥爭的對象與過程，以及鬥爭時間長達數年的情況來看，這場鬥爭絕不輕鬆。但這種驚險萬狀的奪權過程卻幾乎是所有想操縱國政的游士必經的過程，他們鬥爭的對象或有不同，但由於他們必須利用統治階層的內部矛盾取得高位，所以鬥爭過程的艱辛與驚險是一樣的。

一飯之德必償，睚眦之怨必報

對於一個長期遭受壓抑的人而言，一旦成功後，能夠痛痛快快地報恩報仇，是最快意的一件事。因為能徹底的報恩報仇，就是能徹底伸張個人的意志，盡情發洩個人的情感，也就是能徹底補償以前所受的困辱，撫慰鬱結胸中的不平之氣，證明自己存在的價值。范睢得志後，「一飯之德必償，睚眦之怨必報。」雖被批評為肚量狹小，太重個人恩怨，卻也是人之常情。

范睢相秦後，就開始執行他的復仇計畫，在「遠交近攻」的策略運用下，韓、魏首遭其殃，於是魏派須賈入秦求和。這時范已改名為張祿，但須賈仍不知情，羊入虎口，成為待宰的羔羊。范睢有意捉弄須賈，打扮成一副落魄模樣去見須賈，想看看須賈還擺什麼威風，幸好須賈同情心未泯，「綈袍戀戀，有故人之意。」救了自己一條生命，但已被驚嚇得「肉袒膝行，因門下人謝罪」。范睢先當眾數其罪狀，接著更在諸侯使面前，「坐須賈於堂下，置莝豆其前，令兩黥徒夾而馬食之。」百般凌辱須賈後，范睢氣猶未平，透過秦王，把藏匿魏齊的平原君騙到齊國，並把魏齊逼得走投無路，最後含怒自剄。

對於恩人鄭安平與王稽，范睢則不次加以提拔。王稽為河東守，三歲不上計；鄭安平為將軍。接著范睢更散家財，報答那些曾經為自己遭到困阨的人，「一飯之德必償，睚眦之怨必報。」

范睢的做法雖然有虧恕道，但試想連孔子那樣的聖人也講過「以怨報怨」的話[9]，而且由須賈以一綈袍相贈，就能減弱他復仇的怒火來看，他仍不失為一個有情人，所以對他的報仇舉動是不必大加撻伐的。當蔡澤勸范睢退位時，告訴他：「今君之怨已讎，而德已報，意欲至矣。」大有人生至此，心願已了，夫復何求之意。蔡澤勸范睢退位的故事雖屬虛構，豈不更可看出這種報恩報仇的價值觀可以得到一般人認同。人生不平之事甚多，偶爾執行一下「一飯之德必償，睚眦之怨必報」的徹底報復法則，或許還能稍解世人不平之氣呢！

游士的「不歸路」

范睢最大的過錯，是他讒死了秦國第一良將白起，又保舉親信鄭安平為將軍，接替白起攻趙的責任，結果鄭安平降趙。另外，他推薦為河東守的王稽也與諸侯私通，使河東郡、

[9] 見《禮記．表記》。子曰：「以德報德，則民有所勸；以怨報怨，則民有所懲。」孫希旦，《禮記集解》，卷五一，頁一一八八，臺北：文史哲，一九七六。

太原郡失守。這些事使秦國遭受重大的打擊，也使范雎受到連坐，可能還因此下獄誅死。

范雎很明顯是個聰明人，他不但機智、有辯才，又有政治、戰略眼光，當政後，「強公室，杜私門。」[10]結束秦國家族式的專權；又修棧道，通巴蜀，厚植秦國國力；並且提出「遠交近攻」的策略，使秦國能實實在在的吃掉六國；更「縱反間賣趙，趙以其故令馬服子代廉頗將。」為長平之戰的勝利奠下基礎。凡此，皆可看出范雎超人一等的智慧。可惜人在追逐權位時，私心往往會蒙蔽原先的智慧，因而做出無可挽回的錯誤判斷。長平之戰白起功高蓋世，引起范雎嫉妒，讒言害死白起。范雎雖鬥倒了白起，卻也因任用私人，喪師辱國，遭到連坐處分，所以等於是自掘墳墓。

然而，就一個游士而言，凡是踏上追逐權位之途的，就像踏上了「不歸路」，鮮有能抽身而出，得保善終的。這不但是范雎個人的悲哀，更是所有游士的悲哀，而其中道理安在？

游士奔走各國的目的，本來就是為了求取個人的榮華富貴，而且由於他們大抵出身窮困，並且在得志前往往嚐盡貧賤的悲哀，領略世態的炎涼，所以他們對功名富貴的渴望會愈來愈強烈，愈來愈捨不得放棄。蘇秦初次出遊，大困而歸，遭到兄弟嫂妹妻妾的恥笑；後來功成名就，這些人一改先前態度，前倨而後恭，蘇秦不禁感歎道：「此一人之身，富貴則親戚畏懼之，貧賤則輕易之，況眾人乎？」[11]「富貴」如此管用，世人如此勢利，難

[10]《史記．李斯列傳》，卷八七。

怪這群歷經人生滄桑的窮士要逐富貴而不返了。再如蔡澤未得志時，有次找唐舉看相，由於蔡澤貌醜無比，唐舉無法講好話，就以「聖人不相」搪塞他，蔡澤既得不到肯定，就賭氣說：「富貴吾所自有，吾所不知者壽也，願聞之。」唐舉告訴他還有四十三年壽命，蔡澤笑謝而去，對御者說：「吾持粱齧肥，躍馬疾驅，懷黃金之印，結紫綬於腰，揖讓人主之前，食肉富貴，四十三年，足矣。」蔡澤的話，一方面可看出他的自信，另方面也可看出他對富貴的渴慕，他的心目中除了榮華富貴外，還是榮華富貴。以他的性格而言，一生中若能大大「發」一下就可心滿意足，死而無憾了，至於其他的禍福吉凶倒在其次。

然而對這些游士而言，榮華富貴就像鴉片一般，只會讓人愈陷愈深，追逐富貴的結果必然會與另外的利益集團產生利害摩擦，引發攸關生死的劇烈鬥爭，范睢就是這樣踏上追逐永難滿足的榮華富貴的「不歸路」的，這就是貧賤出身的游士的悲劇。試觀成功後真能飄然引退者，如范蠡、張良等人，都出身於貴族，而不是嚐盡貧賤悲哀的游士，豈不值得深思。

---

[11]《史記・蘇秦列傳》，頁二二六二。

虛構的范雎退位讓賢故事的意義

〈范雎蔡澤列傳〉篇末記載范雎保舉的鄭安平、王稽相繼出事後，「應侯懼，不知所出。」燕人蔡澤聽到此一消息，入秦遊說范雎，陳述「物盛則衰」，功成身退的道理，范雎因而稱病，推薦蔡澤接替相位。這個故事雖屬虛構，但其中道理仍值得探討：

(1)蔡澤所說的功成不退，災禍臨身，是總結歷史教訓而來的智慧，可以看出當官者在喜怒不可測的君王手下，朝不保夕的悲哀。

(2)當官雖然恐怖，但為了取得特殊身分，取得財富，又必須當官。所以最理想的人生是先做官取得特殊身分與財富後，再歸隱鄉里，如此既可享受無限的榮華富貴，又無「伴君如伴虎」的危險。在這種心理之下，就產生了《戰國策》中范雎讓賢的故事。

(3)司馬遷對范雎讓賢的故事津津樂道，對范蠡、張良功成身退的事蹟又用力渲染，可見他十分欣賞功成身退的作為。司馬遷這種人生態度，可能來自他對殘酷的現實政治的深刻體驗。歷代的功臣中，遠者如商鞅、白起、吳起、文種的遭遇；近者如韓信、黥布、彭越的族滅，不可能不對司馬遷產生衝擊。

(4)中國士大夫特殊的政治處境造成他們對功成身退的政治生活方式的特殊嚮往，民國以前，由於政治結構一直沒有根本的變革，這種特殊的政治生活方式也就一直受到國人的欣賞。

把政治當成生意經營
——商人政治家呂不韋

別具創意的政治投資

呂不韋是中國歷史上第一個把經商的方法運用於政治投資，並取得重大成功的典型。《史記・呂不韋列傳》敘述這麼一個有創意的生意人，如何把政治當作生意來經營，成就偉大的功業，獲取無法估量的利潤。但呂不韋雖成功了，成為秦的「相邦」[1]，權傾一時，最後仍難逃廢相徙蜀，飲酖而死的下場。呂不韋的成功，讓我們看到了他超人一等的投資眼光，也看到了商人力量的崛起；呂不韋的終歸於失敗，雖有個人的因素，更大的原因則在於商人操縱政治的歷史條件尚未成熟，以至於呂不韋雖貴極人臣，但他的榮辱仍繫於君王一人之喜怒。換言之，呂不韋投資政治的本領雖舉世無雙，但仍得受限於特定的歷史條

[1] 即後來通稱的「相國」，戰國時秦稱為「相邦」。這可由一九五九年長沙左家塘秦墓出土的青銅戈，中有「相邦呂不韋」字樣得到證明。漢時相邦之「邦」避劉邦之諱而改為「國」。

件，這是個人才氣與歷史條件的衝突。無論如何，呂不韋一生最引人入勝之處，也就在他別具創意的政治投資所帶出的頗具傳奇性的一生。

「奇貨可居」——對秦庶孽孫子楚的投資

呂不韋原來是陽翟大賈，但在政治力高於一切的時代，他不甘於只憑經商累積財富，他很有創意地發現政治投資更能攫取無數利潤的可能性。當時秦太子中男子楚因其母不得寵，為秦質子於趙，由於秦數攻趙，子楚處境相當艱辛。當時呂不韋於邯鄲做生意，一眼就看出藉著投資子楚取得政治權力，以謀求大利的可能性。《戰國策》有一段呂不韋父子的對話，更鮮明呈現呂不韋投資子楚以謀利的動機：

> 濮陽人呂不韋賈於邯鄲，見秦質子異人，歸而謂父曰：「耕田之利幾倍？」曰：「十倍。」「珠玉之贏幾倍？」曰：「百倍。」「立國家之主贏幾倍？」曰：「無數。」曰：「今力田疾作不得暖衣餘食，今建國立君，澤可以遺世。願往事之。」[2]

[2]〈濮陽人呂不韋賈於邯鄲章〉，《戰國策．秦策》，卷七，頁二六九。何建章，《戰國策注釋》，北京：中華，一九九〇。

由是呂不韋乃轉換跑道，棄商從事政治活動。惟形式上雖是棄商，呂不韋從事政治活動的動機卻依然是商人將本求利的打算，只是這次買賣的商品是子楚，投機性遠超過以往任何一次的純商業買賣，如果買賣成功了，順利替子楚爭取到王位繼承人的資格，利潤將難以估算，因此不韋見到子楚時，想到的是「此奇貨可居」——這完全是商業活動的考量方式。

由於子楚是不受寵的秦庶孽孫，「車乘進用不饒，居處困，不得意」，呂不韋結交子楚容易。在獻計「請以千金為子西游，事安國君及華陽夫人，立子為適嗣」後，馬上得到子楚「必如君策，請得分秦國與君共之」的承諾[3]。但替不受寵的子楚謀求王位繼承人的差事，橫亙在面前的是艱難的挑戰。不韋基於對人性的深刻了解，卻很順利的把經商的本領運用到政治活動上。他一眼看出子楚的機會落實在太子愛幸的華陽夫人身上，由於華陽夫人無子，呂不韋看出她的不安全感，找到了遊說的切入點：

復以五百金買奇物玩好，自奉而西游秦，求見華陽夫人姊，而皆以其物獻華陽夫人。因言子楚賢智，結諸侯賓客徧天下，常曰「楚也以夫人為天，日夜泣思太子及夫人」。夫人大喜，不韋因使其姊說夫人曰：「吾聞之，以色事人者，色衰而愛弛。今夫人事太子，甚愛而無子，不以此時早自結於諸子中賢孝者，舉立以為適而子之，

[3] 《史記．呂不韋列傳》，卷八五，頁二五〇六。《新校本史記三家注并附編二種》，臺北：鼎文，一九八五。

> 夫在則重尊，夫百歲之後，所子者為王，終不失勢，此所謂一言而萬世之利也。不以繁華時樹本，即色衰愛弛後，雖欲開一語，尚可得乎？今子楚賢，而自知中男也，次不得為適，其母又不得幸，自附夫人，夫人誠以此時拔以為適，夫人則竟世有寵於秦矣。」華陽夫人以為然。[4]

不韋除了再投資「五百金」買奇物玩好賄賂華陽夫人姊，打通關節外，他遊說的內容仍不外是利益交換的生意手腕。華陽夫人「甚愛而無子」，有「色衰而愛弛」的恐懼，也有夫百歲之後失勢的隱憂，這就提供了子楚依附夫人，夫人拔以為嫡的合作基礎。果然，呂不韋的遊說打動了華陽夫人，夫人與子楚結合成利益共同體，勸太子立子楚為嫡嗣，太子許之，「安國君及夫人因厚餽遺子楚，而請呂不韋傳之，子楚以此名譽益盛於諸侯。」[5]呂不韋的「奇貨」取得秦王位繼承人的地位，他投資的成功已指日可待。

呂不韋很有創意地進行「奇貨可居」的投資，也很有手腕地把「奇貨」改造成炙手可熱的秦王位的繼承人，在在可以看出他在政商領域的敏銳眼光與才幹。但一個商人的企圖心居然大到想控制當時超級強國的王位繼承權，也可以看出當時商人力量的提升，當商人

[4]《史記．呂不韋列傳》，頁二五〇七－八。

[5]《史記．呂不韋列傳》，頁二五〇八。

的社會地位提升了，野心自然也就水漲船高。

是嬴政還是呂政？

子楚既立為秦嫡嗣，聲名日盛，但留在趙國當質子，處境仍極危險，秦昭王五十年（西元前二五七年），秦圍邯鄲，趙欲殺子楚，賴呂不韋行金六百斤與守者吏，脫困赴秦軍，得歸秦。子楚妻兒亦因得不韋資助得自匿免。昭王五十六年，薨，太子立為王（孝文王），子楚為太子，趙不敢再得罪秦，奉子楚夫人及子政歸秦。第二年，孝文王薨，子楚代立，是為莊襄王。莊襄王元年，論功行賞，「以呂不韋為丞相（相邦），封為文信侯，食河南雒陽十萬戶。」[6]呂不韋由邯鄲一見子楚，認為「奇貨可居」進行政治投資，至此一共才花了十五年，就完全實現當初的目標，丞相尊位之顯赫與十萬戶侯之利潤，則恐遠超過當初的奇想。呂不韋成為獲取空前未有利潤的商人，也一躍而為炙手可熱的政治人物。

在本傳中，司馬遷收錄了一則漢初流傳甚廣，幾乎人人信以為真的故事，謂秦始皇嬴政為呂不韋之種，此一故事膾炙人口，後人遂經常有以呂政易嬴政者。其文云：

[6] 《史記．呂不韋列傳》，頁二五〇九。

呂不韋取邯鄲諸姬絕好善舞者與居，知有身。子楚從不韋飲，見而說之，因起為壽，請之。呂不韋怒，念業已破家為子楚，欲以釣奇，乃遂獻其姬。姬自匿有身，至大期時，生子政。子楚遂立姬為夫人。[7]

如果這則故事屬實，那麼秦在尚未併吞六國前，國祚已絕，由嬴姓歸於呂姓矣。對於視秦為暴虐無道，卻又無可奈何的六國遺民，或反秦氣氛濃烈的漢人而言，如此醜化嬴政，豈非大快人心。然而，司馬遷雖採錄了這則傳說，卻持存疑的態度，「至大期時，生子政」，就是在不違拗當時人人相信的「集體創作」的歷史外，保留歷史的另一種可能性。「大期」古人通解為十二月或十月而產，如此一來，獻有身之姬於子楚的傳說就不能成立了。以常理而言，趙姬本為不韋妾，若懷身孕歸於子楚而生政，勢必不足月而產，子楚斷無不懷疑，反立政為太子之理。

當然，不韋割捨愛姬，強忍怒氣獻給子楚，是出諸「念業已破家為子楚，欲以釣奇」，出發點仍是謀利。商人出身的呂不韋可以破家投資「奇貨可居」的子楚，自然可以割捨愛姬，求取政治上的最大利益。為了謀取最大利潤，呂不韋是可以付出生命之外的一切，加碼投資的。

[7] 《史記．呂不韋列傳》，頁二五〇八。

一字千金——思想路線的爭奪

莊襄王即位三年薨，太子政繼位，尊呂不韋為相國，號稱「仲父」，一直到王政十年免相，總計呂不韋擔任秦相邦的時間共計十三年。這是他一輩子事業的顛峰期，他擁有雒陽十萬戶及其他封邑的食邑，家僮萬人，享受之豐遠非他始終經商所能比擬，「奇貨可居」的政治投資太成功了；在政治上，呂不韋也表現了傑出的才幹，他擔任相邦期間，不斷對六國進攻，取得一連串勝利，為秦統一天下奠下更穩固的基礎。

呂不韋的事業中，尚有一件事特別值得提出來，就是《呂氏春秋》的編寫：

> 當是時，魏有信陵君，楚有春申君，趙有平原君，齊有孟嘗君，皆下士喜賓客以相傾。呂不韋以秦之強，羞不如，亦招致士，厚遇之，至食客三千人。……乃使其客人人著所聞，……號曰《呂氏春秋》。布咸陽市門，懸千金其上，延諸侯游士賓客有能增損一字者予千金。[8]

[8] 《史記．呂不韋列傳》，頁二五一〇。

這就是膾炙人口的「一字千金」故事。「有能增損一字者予千金」是以千金來襯托《呂氏春秋》的權威性，這依然是商人出身的呂不韋慣用的思惟模式，所以前人有以「賈名」視之，認為不韋此舉「仍寓賈人技倆，與前居奇鈞奇為一類」[9]。此一評論相當有見地，「賈名」可以解釋為對商人出身、因緣際會貴為相邦的呂不韋的文化美容，增強他高居相位的正當性。但用「一字千金」樹立《呂氏春秋》的思想權威仍有更深一層的目的，考《呂氏春秋》成書於始皇八年，著手編纂當更早於此數年，而嬴政即位時年僅十三，二十歲親政，綜此可知，《呂氏春秋》的編纂，是在始皇親政前數年，而秦統一天下的局面已定的時期。

因此，我們可將《呂氏春秋》的編纂，視為呂不韋在爭取思想層面的領導權，是一種思想與政治路線的爭奪。《呂氏春秋》的內容，大有別於商鞅以後秦所奉行的法家路線，是呂不韋企圖為即將統一的大帝國提供思想指導，也是趕在始皇親政前，企圖擺脫「尊君卑臣」的法家主張，預先安排自己的生存空間[10]。至於呂不韋是否預見大一統帝國的統治方式，應該有別於「馬上得天下」時期的法家之治，否則難以持久，則已無法查考了。

無論如何，呂不韋以「一字千金」的方式拉拔《呂氏春秋》的權威性，仍反映了他慣

---

[9] 吳汝綸評點，《史記集評》，卷八五，頁九〇八，臺北：中華，一九七〇。

[10] 《呂氏春秋》中有很多德治、仁政的觀念，也有道家要求國君「處虛」、「無智，無能，無為」（〈分職〉）等觀念，甚至有「公天下」（〈貴公〉）的觀念。

於將經商的本領運用到政治活動上的思惟模式。

相邦之死——商人操縱政治的歷史條件尚未成熟

始皇親政以後，呂不韋開始面對悲慘的命運，十年，免相，就國河南；一年後，全家徙處蜀，途中「自度稍侵，恐誅，乃飲酖而死。」[11]結束傳奇性的一生。

呂不韋被廢的表面原因是牽涉到進嫪毐與太后私通，覺而被牽連，但宮闈傳聞本不可盡信，呂不韋的權勢大到令始皇難以安枕，恐才是被整肅的深層理由，此觀乎呂不韋免相後，「諸侯賓客使者相望於道，請文信侯」，結果造成秦王更大的不安可知。秦王對此的反應是：「恐其為變，乃賜文信侯書曰：『君何功於秦？秦封君河南，食十萬戶。君何親於秦？號稱仲父。其與家屬徙處蜀！』」[12]結果呂不韋就在徙蜀途中，飲酖而死。

由此看來，始皇對呂不韋的猜忌極深，「諸侯賓客使者相望於道」展示了呂不韋的力量，也加速了他的滅亡。而由「君何親於秦」觀之，嬴政並不認為呂不韋與他有任何血緣關係。

[11] 《史記．呂不韋列傳》，頁二五一三。

[12] 同上。

呂不韋以卓越的經商本領轉用於政治投資，爬上了政治的顛峰，但當他想繼續掌握大權，甚至用編撰《呂氏春秋》的方式進行政治路線主導權，甚至用「賈」的方式，以「一字千金」拉拔自己的權威，卻不免遭到始皇猜忌，步入「飲酖而死」的下場。呂不韋用經商的方式進行政治投資，企圖操縱政治，由於他的才幹，因緣際會成為秦的相邦，更成為秦統一天下過程中一個關鍵的人物。但他終究失敗了，失敗的原因不在於個人因素，而是商人像現代資本家一樣操縱政治的歷史條件尚未成熟。專制君王的時代，畢竟仍是萬民榮辱完全繫於君王一人喜怒的時代。

奇蹟的創造
——田單復國

由於有意的比附，身在臺、澎、金、馬的國人對田單復國早就耳熟能詳了，但他究竟如何創造出雙城復國的奇蹟？

田單無疑是個傳奇性人物，他本是臨菑市掾——齊國都城中的一個小官，無權無勢，沒沒無聞，卻在齊國將亡之際，出任艱巨，憑著他的智慧，屢出奇計，扭轉劣勢，創造出讓後人津津樂道的復國奇蹟，他實在有很多了不起的地方。

鋒芒初試，嶄露頭角

《史記．田單列傳》一開始就抓住一個細節，寫出田單的智慧。當時燕國大將率領五國軍隊伐齊，大敗齊師，長驅直入齊都，湣王出奔，田單不願降敵，遂帶領族人逃亡，在逃亡過程中，田單命令族人把車軸兩端的凸出部分鋸掉，包以鐵皮，因此當別人的車子在爭道時把車軸撞壞了，人被燕軍俘虜，田單族人的車子卻安然無恙，順利逃脫，到達即墨。

由這個細節，可以看出田單思慮周詳，有先見之明，他的能力也因此得到大家肯定，後來即墨大夫戰死，大家就公推他為將軍，率領即墨軍民抵抗燕軍。當然，田單具有齊王遠房親族的身分，又是大家族的領袖，這些因素也是讓他脫穎而出的重要條件。

就當時的大局來看，燕軍能在五年之間下齊七十餘城，僅莒與即墨未下，可見齊國的民心士氣一度極為渙散，不願為湣王作戰。但田單就任即墨將軍時，情況已經顯著好轉，這一方面是因為暴虐的湣王已死，民眾的怨怒已消；另一方面是燕軍並不是來「弔民伐罪」，而是來大肆掠奪，這種侵略性戰爭引起齊國人民反感。加以齊國賢人王蠋拒絕燕軍高官厚祿的招降，義不北面事敵，自經絕脰而死，鼓舞了齊國的民心士氣。凡此，都是田單抗燕的有利條件，是他復國的重要憑藉，若不是大局有此一轉變，任憑田單有天大的才幹也是無法扭轉頹勢的。但無論如何，當時的齊國仍處於絕對的劣勢，那麼，田單是如何利用他所掌握的有利條件，讓他的聰明才智與全國的民心士氣結合，徹底扭轉劣勢，達成復國的使命？

反間計與心理戰——劣勢的扭轉

由於燕強齊弱，在決戰之前，田單做了很多預備工作，削弱敵人戰力，提升己方戰力。

首先，他利用燕國新君燕惠王與燕國大將樂毅的矛盾，行使反間計，讓燕王派騎劫取代樂毅，騎劫的能力遠不及樂毅，這就解除了田單的心腹大患，而且樂毅戰功彪炳，卻無端被廢，引起燕軍忿怒不平，士氣大受影響，更削弱了燕軍的戰鬥意志，田單身在圍城，卻知己知彼，使他的反間計一擊而中，得到徹底的成功。

其次，當時即墨已成孤城，面對強大的敵人，軍民不免心存恐懼，感到無助，於是田單必須為他們壯膽，排除他們的恐懼感，因此他利用當時人們的迷信心理，要圍城裡的人食時先祭祖先於庭，引飛鳥進城下食，再宣稱城中有神師下降，如此就堅定了即墨軍民抗敵的信心，並且讓城外的燕軍疑懼不安，削弱了他們的氣燄。當時有一插曲，有位士兵識破了田單的伎倆，問田單：「我可以當神師嗎？」說完拔腿就跑，但田單卻真的拜他為神師，每出約束，必稱神師。由此可看出田單的智慧，他的伎倆被人識穿，卻不會惱羞成怒，殺人滅口，反而能把負面的力量轉化為資產，把洩密的恐懼轉化為二人之間的默契，他確實善於運用一切資源。接著，田單又縱反間，讓燕軍割去齊國降卒的鼻子，挖掘城外齊人的祖墳，於是激怒了齊國軍民，士氣達到沸騰點，準備決一死戰。這時田單又與士兵同甘共苦，妻妾也編入行伍之間，盡散飲食饗士，軍心更為團結。

始如處女，後如脫兔——火牛陣的奇襲

決戰的時機終於來臨，但這時雙方兵力的比較仍是燕強齊弱，所以田單必須讓燕軍出其不意，無法有效發揮戰力。他讓甲士藏起來，用老弱女子守城，再約期假投降，燕軍果然中計，戒備鬆懈。田單又使出別出心裁的火牛陣，乘夜衝向燕軍，「燕軍視之皆龍文，所觸盡死傷」，由於先前田單宣傳城中有神師下降，燕軍誤以為有神兵神將助陣，在恐慌中陣腳大亂，全線崩潰，齊軍乘勢追亡逐北，完全收復齊國舊地。田單這種先鬆懈敵人鬥志，再出其不意給予致命一擊的戰略，司馬遷極為稱讚，認為他完全發揮了兵法「始如處女，敵人開戶；後如脫兔，敵不及距」的精義。

田單在敵強我弱的情況下，屢出奇計，慢慢將不利的局面扭轉過來，最後再抓住敵人弱點，給予出其不意的致命一擊，終於完成復國的奇蹟。當然，我們在欣賞田單的奇計之餘，也不要忘了他的智謀是與齊國人民的全體利益結合在一起的，所以才能鼓舞士氣，力克強敵。「大木將傾，非一繩所維。」設若齊國軍民沒有抗敵的意志，田單的奇計也就成為空想，發揮不了作用。因此我們在讚賞歷史上的英雄人物之餘，不應掉入英雄可以憑空創造一切，憑一己之力扭轉乾坤的英雄史觀，這是我們對歷史發展應有的認識。

悲壯的一擊——荊軻刺秦王

其人雖已沒，千載有餘情

易水送別的慷慨悲歌，與身入虎穴、笑傲秦廷的悲壯一擊，一直是膾炙人口的故事，也是中國歷史上英雄烈士反抗強暴的精神泉源，至今人們仍能感受到荊軻那種凌躍萬里、義無反顧的悲壯精神。它代表被侵略者垂死前悲壯的掙扎，代表弱者寧死不屈的勇氣，垂死的掙扎固然無助，但總是保住了人的尊嚴，比忍辱屈膝強多了。荊軻以一介匹夫，發揮干雲的豪氣，凸顯了昂揚的抗暴精神，自然令人懷念。陶淵明〈詠荊軻〉詩有云：「其人雖已沒，千載有餘情。」一正道出後人對荊軻悲壯事蹟的懷念。

燕市狂歌的寂寞

荊軻的悲哀，是一個有才幹的人落在不能有所作為的環境中的悲哀，這時暴秦已有席捲天下之勢，義不帝秦者眼見局勢日非，卻不能有所作為，荊軻「慷慨歌燕市」，與狗屠及高漸離狂歌痛飲，忽樂忽泣，正是這種鬱結心理的發洩。幾個知心的朋友，在共同的危機感下，以狂歌痛飲的方式互慰內心的寂寞，益發顯示他們的無力感，顯示時局帶來的無奈與悲愴。

局勢已經不可為，但燕太子丹的知遇之恩，卻讓荊軻不能不勉力而為。這時燕有必亡之勢，面對暴秦排山倒海的攻勢，合縱抗秦已經緩不濟急，所以太子丹在他的師傅鞠武提出這個六國策士當年宣揚的老辦法時，答道：「太傅之計，曠日彌久，心惛然，恐不能須臾。」最後，太子丹想到的辦法是派刺客入秦，用計接近秦王，加以劫持，使歸返諸侯侵地，如曹沫劫齊桓公故事；若是秦王不肯，則加以刺殺，希望藉此引發秦國內亂，使六國得到喘息機會，整合力量，打敗秦國。由太子丹的計策來看，出之以行刺之計，已經可以看出他確實是無計可施了，而遣一刺客，入不測之強秦，想劫持秦王，使虎狼之主行齊桓之約，這個願望又是多麼可憐！至於刺殺秦王，引發敵國內亂，也接近一廂情願。然而，為了挽救燕國的危亡，為了報答太子丹知遇之恩，縱使只有萬分之一的機會，荊軻也必須義無反顧，向命運挑戰，所以荊軻刺秦王這件事，從一開始就具有濃厚的悲劇性。

智謀深沉的刺客

荊軻入秦行刺秦王，就挽救燕國的大目標而言，雖然接近奢求，但他並不是仗氣好勝一類的刺客，他「沉深好書」，既然答應接下太子丹指派的任務，就盡力做好預備工作，希望能不辱使命。有兩件小事可以看出荊軻是智謀深沉的勇者，一次是他與蓋聶論劍，雙方議論不合，蓋聶怒眼視之，荊軻就悄悄逃跑；另一次是與魯勾踐下棋爭道，魯勾踐怒而叱之，荊軻也默默逃去。這種表現雖被對方視為懦弱、退縮，其實是荊軻智謀深沉，不願逞血氣之勇，不願為小事造成無謂的傷亡，荊軻就是這樣一個智謀深沉的勇者，所以能提一匕首入不測之強秦，而無畏無懼。

入秦行刺，務必有周密的計畫，才有成功的希望，所以荊軻要用秦降將樊於期的頭顱與燕督亢的地圖，藉此接近秦王。這些工作準備妥當後，荊軻還想等待一位好友同行，作為助手，但卻引起太子丹的疑心，以為荊軻臨時反悔了，催促道：「日已盡矣，荊卿豈有意哉？丹請得先遣秦舞陽。」秦舞陽是燕國勇士，年十三殺人，人不敢忤視，於是被太子丹派作荊軻的副手。這裡可以看出太子丹目光短淺，不知街頭殺人只是逞血氣之勇，是成不了大事的。太子丹的懷疑對荊軻是一種侮辱，所以荊軻顧不得計畫尚有疏漏，憤然辭行，怒叱太子曰：「何太子之遣，往而不反者，豎子也！且提一匕首，入不測之強秦，僕所以留者，待吾客與俱，今太子遲之，請辭決矣！」

易水送別，笑傲秦廷

「風蕭蕭兮易水寒，壯士一去兮不復還。」易水送別的場景是極為悲愴的，太子與賓客皆著白衣冠（喪服）相送，「高漸離擊筑，荊軻和而歌，為變徵之聲。」「復為羽聲忼慨，士皆瞋目，髮盡上指冠。於是荊軻就車而去，終已不顧。」對暴秦同仇敵愾，卻又無他計可施，眼見荊軻就要深入虎穴，為國犧牲，大家的心情是又沉重又激昂的。

到了秦國，一切按照荊軻的計畫進行，秦王在咸陽宮朝服接見燕使者，荊軻奉樊於期頭函，秦舞陽奉地圖匣，到了階下，秦舞陽果然通不過考驗，「色變振恐」，引起群臣懷疑，差點破壞荊軻的計畫，幸好荊軻智勇雙全，應變得宜，回頭笑秦舞陽，向秦王謝罪道：「北蕃蠻夷之鄙人，未嘗見天子，故振慴，願大王少假借之，使得畢使於前。」就在荊軻的談笑自若聲中，群臣的懷疑已輕鬆化解，也由於荊軻的鎮定，才未喪失進一步的機會。

終於，圖窮而匕現，荊軻左手抓住秦王衣袖，右手持匕首刺之，但荊軻並不想刺死秦王，只想脅迫秦王，因此讓秦王掙斷了袖子逃跑。荊軻在後追逐，場面十分混亂，最後秦王拔出佩劍，砍斷荊軻大腿，荊軻用匕首擲向秦王，又未命中，秦王復擊荊軻，軻身受八創，自知大事不成了，卻仍依柱而笑，箕踞罵道：「事所以不成者，以欲生劫之，必得約契，以報太子也。」這種蔑視一切，笑傲秦廷的態勢，最能顯示出荊軻視死如歸的勇氣，他就是死得這麼從容，這麼悲壯！

荊軻刺秦王的壯舉是失敗了，但刺秦王成功與否或許並不重要，因為行刺之舉縱使成功，也挽不回弱燕必亡之勢，重要的是荊軻為後人留下了不畏強梁、挺身抗暴的光輝形象。他就是以刺秦王的悲壯行動折服了當初輕視他的魯勾踐，為他惋惜，更為他自責，謂：「嗟乎！惜哉！其不講於刺劍之術也！甚矣，吾不知人也！曩者吾叱之，彼乃以我為非人也！」蠻橫的魯勾踐也終於了解，荊軻不是逞血氣之勇的凡夫，更不是怯懦怕事，而是智謀深沉，無畏無懼的大勇士。

一個完全被物慾操縱的政治人物

——李斯

李斯是輔佐秦始皇統一天下的重要人物，也是秦帝國的首任丞相，創立帝國制度的要角。他以一介寒士、客卿的身分，在秦國嶄露頭角，飛黃騰達；但始皇死後，卻一步步被趙高拖下水，和趙高合作演出宮廷政變，賜死始皇長子扶蘇，擁立胡亥；但最後卻難逃趙高的算計，被夷三族，腰斬咸陽市。由李斯的一生，我們可以看到一個不甘長處卑賤的貧士，出賣自己，屈從物慾，最後完全被物慾所操縱，一步步走向毀滅的悲哀。

性格決定命運——廁中鼠與倉中鼠的預示

李斯一生的成敗有三個重要階段：一是入秦取得高位，並且幫秦王統一天下，創立帝國制度，這是他最風光的時期，也是他的才華與野心發揮得最徹底的時期。二是與趙高陰謀廢立。三是阿二世之意，想長保富貴，但終於難逃遭趙高讒死的命運。以上這些際遇都可以透過他的性格加以解釋，《史記・李斯列傳》有一段記載恰能鮮明生動地寫出李斯不擇手段追逐權勢的性格根源，在這段文字中，可以看到李斯一生行為的端倪：

（李斯）年少時為郡小吏，見吏舍廁中鼠食不潔，近人犬，數驚恐之。斯入倉，觀倉中鼠，食積粟，居大廡之下，不見人犬之憂。於是李斯乃歎曰：「人之賢不肖譬如鼠矣，在所自處耳！」乃從荀卿學帝王之術。

李斯的感歎暴露他對權勢利慾的渴求，對窮困的厭惡，並且把權勢利慾的滿足當作人生唯一的價值，他後來辭別荀卿入秦時所說的：「詬莫大於卑賤，而悲莫甚於窮困。久處卑賤之位，困苦之地，非世而惡利，自託於無為，此非士之情也。」正是同一心態的進一步表白。他入秦後完全背棄儒家的聖賢學問，蔑視多方面的人生與文化價值，把人民看成工具，以此作為他的處世與為政方針，也是此一心態的反映。如果不從道德觀點來考量，李斯這種拋開讀書人的面子所湧現的強烈企圖心，這種勇於冒險、勇於自我突破的膽識，倒有現代大企業家的氣魄，這種氣魄輔以他的聰明才智，的確非常可怕。

但是，由於他的內心完全被權勢利慾所攫取，沒有更高的理想標竿，也沒有權勢利慾之外的安身立命之地，所以他雖然絕頂聰明，但權勢利慾的飢渴卻蒙蔽了他的視野，所以他的後半輩子幾乎完全被權力慾所操縱，在內心游移、進退無據中，一步步走向毀滅之途。

換言之，他能看出廁中鼠與倉中鼠的不同，看到倉中鼠的肥大、不見人犬之憂，卻看不到倉中鼠死在積粟之下的慘狀。法家人物暴興暴敗的例子太多了，但李斯卻視而未見，為了脫離貧賤，為了一飛登天，他太心急了，急得完全被物慾所操縱，急得被捲進自己完全無法掌握命運的權力鬥爭。

個人慾望與秦國利益的結合——李斯權勢的高峰

秦始皇時代，是李斯事業最輝煌的時代，這一方面固然得力於李斯個人的才華，例如他看清秦國「欲吞天下，稱帝而治，此布衣馳騖之時，而游說者之秋也。」遂毅然入秦，並且為秦王設計併吞天下的大策略；天下統一後，又為始皇建立帝國制度。因此得到始皇的寵信，是始皇一朝的長命丞相。然而，李斯在嬴政一朝能發揮他的才幹，主要還是因為他的旺盛企圖心能和當時的大環境相配合，亦即他個人追逐權勢利慾的慾望與秦國（或秦帝國）的利益相結合。譬如併吞六國是當時秦國最大的利益，而李斯想出人頭地恰可攀緣秦國這個願望，這也就是李斯辭別荀卿時所說的：「今萬乘方爭時，游者主事。今秦王欲吞天下，稱帝而治，此布衣馳騖之時，而游說者之秋也。」亦即李斯只要幫助秦王達成願望，也就可以使自己達成出人頭地的願望。所以當李斯為秦王設計：「陰遣謀士，齎持金玉，以游說諸侯。諸侯名士可下以財者，厚遺結之，不肯者，利劍刺之。離其君臣之計。」——秦王採用得到成效後，就拜李斯為客卿。後來，韓人鄭國為間於秦之事發覺，秦王下逐客令，李斯的〈諫逐客書〉所以能發揮作用，正說明他個人利益與秦國利益間的緊密關係。最後，秦王用李斯之計，「陰脩甲兵，飾政教，官鬥士，尊功臣，盛其爵祿，故終以脅韓、弱魏、破燕趙、夷齊楚，卒兼六國，虜其王，立秦為天子。」——（〈上二世書〉）於是李斯的官位由廷尉而丞相。此外，當秦統一天下後，為適應大帝國的需要，須有一套與封建王國不同的制度，李斯所倡議的廢封建、立郡縣、去《詩》《書》百家語、以吏為師、明法度、定律令、同文書等辦法，又得到始皇的賞識，因此終始皇一朝，李斯榮寵不衰。

慾望之車的傾覆——不由自主的陰謀廢立與阿主取容

但是，一個將個人的權勢利慾擺在第一位的人，他個人的利益不可能永遠與群體（特別是統治家族）的利益相一致，李斯既把權勢利慾的滿足當作人生唯一的價值，被權力慾所操縱，他遲早要栽在這上頭。他雖然偶爾會對自己享有過度的榮華富貴感到不安，發出「物禁太盛」、「吾未知所稅駕也」（稅駕，解駕、停車之意。全句謂不知將來是吉是凶，止泊何處？）的感歎。但既已搭上慾望列車，不到傾覆是不會徹底醒悟的。始皇三十七年，東巡，死於沙丘。李斯為安定人心，秘不發喪。趙高陰謀擁立少子胡亥，爭取李斯支持，李斯初時反對，但態度不夠堅定，於是趙高步步進逼，告以扶蘇即位，必用蒙恬為相，斯不免罷相，且以秦法之刻，恐終難逃誅亡命運；若合謀廢立，功成之後，「即長有封侯，世世稱孤。」於是李斯在害怕失去權勢的情況下被趙高說服，與他合搞廢嫡立庶的陰謀，賜死扶蘇、蒙恬，立胡亥為二世皇帝。

二世即位，李斯雖仍保住丞相尊位，但已經註定了悲慘的結局，因為始皇雖是「暴君」，總還算是有知人之明，所以李斯的才幹能受到肯定；二世則昏庸殘暴兼而有之，李斯從此只能藉著逢君之惡的辦法自保。山東大亂，秦帝國搖搖欲墜，李斯想進諫，反遭二世指責；加以李斯子李由為三川守，無力禁止反抗軍進出轄區，父子俱受使者責問，「李斯恐懼，重爵祿，不知所出，乃阿二世意，欲求容。」於是上〈論督責書〉，鼓勵二世行嚴刑峻法，二世大喜，用刑更加嚴酷。〈論督責書〉是違心之論，也是加速秦帝國覆亡的催命符，而李斯雖然一味地阿主取容，想保住爵祿，卻替趙高製造了更多的機會，趙高就趁著二世的昏庸荒淫，奪取朝政大權，這時李斯已成甕中之鱉，趙高隨時可以將他除掉。

出賣靈魂給物慾者的毀滅與遲來的悔悟

果然，一山不容二虎，在趙高精心設計下，李斯被誣以謀反罪名，整個案件完全在趙高掌握之下，李斯毫無反擊之力，最後具斯五刑，腰斬咸陽市，夷三族。

李斯不甘長處貧賤，把權勢利慾的滿足當作人生唯一的價值，不擇手段追逐權勢。當他個人追逐權勢的慾望與秦國的利益相一致時，固然可以位極人臣，風光一時，但權勢的飢渴終究蒙蔽了他的視野，讓他在權力慾支配下一步步走向毀滅之途，最後，他所追逐的權勢仍然離他而去，且身被極刑。他臨刑前對其中子歎道：「吾欲與若復牽黃犬，俱出上蔡東門，逐狡兔，豈可得乎！」正道出一個出賣自己靈魂追逐權勢者的悲哀，只是他醒悟得太晚了。

狂飆英雄的崛起與殞落

——項羽

《史記．項羽本紀》寫的是一個狂飆英雄的崛起與殞落，寫一個才氣過人的英雄，以摧枯拉朽的氣勢，摧毀暴政，成就霸業；卻不曉得如何應付新的局面，安排新的秩序，利用新的力量，專欲以力服人，最後受到客觀環境的牽掣，慢慢被孤立，在不甘心中一步步被推向失敗的命運。他似乎以奪人神魄的氣勢在支配環境，所當者破，所擊者服，未嘗敗北；但事實上是環境反過來支配了他，使他慢慢感到左支右絀，力不從心，最後自刎而亡。然而，項羽的霸業最後雖然失敗了，但他以二十四歲的少年英豪，卻狂飆般的崛起，三歲亡秦，號令天下，成為勇冠諸侯的霸王；而且他凡事勇往直前，充滿了原始的生命力與熱力，卻像一顆彗星般，在最璀璨耀眼時迅即殞落，自然讓後人惋惜不已，為之感慨萬千。

衝破任何規範束縛的強者

項羽少時就表現出豪邁不拘的性格，當他學書不成，學劍又不成，監護人項梁（羽季父）生氣時，他的回答是：「書，足以記名姓而已；劍，一人敵，不足學。學萬人敵！」但是項梁教羽兵法時，他雖大喜，卻「略知其意，又不肯竟學。」由此可以看出項羽不是任何規範可以束縛得了的人物，也可以看出他雖粗疏，卻又雄才大略。秦始皇遊會稽，渡浙江，項羽見了皇帝出巡的排場，曰：「彼可取而代也！」這又可以看出他不服任何人，推倒一切，凌駕一切的盛氣，以及視萬乘為囊中物的氣魄。《史記》本傳稱他：「長八尺餘，力能扛鼎，才氣過人；雖吳中子弟，皆已憚籍矣！」很能寫出未來楚霸王的少年英銳之氣。

秦二世元年七月，陳涉首舉抗秦義旗，各處響應，會稽守殷通想起兵爭鋒天下，以項梁為將，但項氏叔侄豈肯屈居人下，為人賣命，請看項氏叔侄如何奪權：

> 梁乃出誡籍，持劍居外待。梁復入，與守坐，曰：「請召籍，使受命召桓楚。」守曰：「諾。」梁召籍入。須臾，梁眴籍曰：「可行矣！」於是籍遂拔劍斬守頭。項梁持守頭，佩其印綬。門下大驚，擾亂。籍所擊殺數十百人，一府中皆慴伏，莫敢起。

項氏叔侄起事就像一陣旋風忽地颳起，而項羽一出道就表現出壓倒一切的氣勢，完全以強者的姿態出現。他們不用構思複雜的奪權步驟，完全以力服人，在項羽強力氣勢的壓制下，郡守府中人員全部癱瘓，服服貼貼接受號令。這就是項羽做事的一貫方式，他永遠是這麼勇猛直前，以強力摧毀一切阻礙。

鉅鹿與彭城之戰——掀翻天地的狂飆氣勢

鉅鹿之戰是項羽蓋世的才氣最完美的發揮，這一仗奠定了起義軍亡秦的基礎，也是項羽成立霸業的關鍵，項羽在反抗軍處境極為不利的情況中脫穎而出，以狂飆的氣勢掀翻天地，擊潰秦軍主力，震驚諸侯。

在鉅鹿之戰前，起義軍已處於覆滅邊緣，這時首事的陳勝、吳廣已死，齊、魏新破，楚國統帥項梁陣亡，趙王被圍於鉅鹿，秦軍的統帥又是能征善戰的章邯，諸侯人人畏懼，救鉅鹿的軍隊雖多，卻沒有人敢進兵，趙國危在旦夕。在這種情況下，楚軍的新任統帥宋義也存著觀望的態度，留在安陽四十六日不進，想先讓秦趙鬥得兩敗俱傷，以便坐享漁翁之利。但項羽對這種自私的做法卻深不以為然，加以宋義奪走項家兵權的隱恨，憤憤然宣稱：

將勠力而攻秦，久留不行；今歲饑民貧，士卒食芋菽，軍無現糧，乃飲酒高會，不引兵渡河，因趙食，與趙並力攻秦，乃曰「承其弊」。夫以秦之彊，攻新造之趙，其勢必舉趙；趙舉而秦彊，何敝之承！且國兵新破，王坐不安席，掃境內而專屬於將軍，國家安危，在此一舉。今不恤士卒而徇其私！非社稷之臣！

宋義先鬥秦趙的戰略本也言之成理，但項羽的一席話卻切中要害，顯示宋義只是紙上談兵，而且自私自利，不義、不智、且不忠。項羽則戰鬥精神旺盛，面對強敵絲毫不退縮、不畏懼，有氣吞強敵的氣概，因此他殺了宋義，取得楚軍兵權後，馬上下令進擊，傾全力進攻，要擊潰最堅強的秦軍主力。請看〈項羽本紀〉對鉅鹿之戰的生動描寫：

項羽已殺卿子冠軍，威震楚國，名聞諸侯。乃遣當陽君、蒲將軍將卒二萬，渡河，救鉅鹿。戰少利，陳餘復請兵。項羽乃悉引兵渡河，皆沉船，破釜甑，燒廬舍，持三日糧，以示士卒必死，無一還心。於是，至，則圍王離。與秦軍遇，九戰，絕其甬道，大破之。殺蘇角，虜王離。涉間不降楚，自燒殺。當是時，楚兵冠諸侯。諸侯軍救鉅鹿下者十餘壁，莫敢縱兵；及楚擊秦，諸將皆從壁上觀。楚戰士無不一以當十，楚兵呼聲動天，諸侯軍無不人人惴恐。於是，已破秦軍，項羽召見諸侯將；

入轅門，無不膝行而前，莫敢仰視。項羽由是始為諸侯上將軍，諸侯皆屬焉。

破釜沉舟，燒廬舍，持三日糧，這種完全不留退路的做法，可以看出項羽堅定的決心與信心，項羽這種滅秦態度的堅決是諸侯將所比不上的，因此能夠激勵士氣，掃除新敗之後的頹喪，把楚軍的戰鬥意志提升到最高點。司馬遷在此用對比的方式顯示諸侯軍的怯懦，突出了楚軍的英勇；而且透過作壁上觀的諸侯軍的眼中，寫出楚戰士一以當十、呼聲動天的英勇表現，更是傳神。最後又寫項羽召見諸侯將的威武場面，凸顯出項羽的聲威，把項羽氣壯山河的氣勢整個烘托出來。

鉅鹿會戰，項羽以一個初出茅廬的少年將軍，發揮雷霆萬鈞的打擊力量，擊潰秦軍主力，震撼力之大可想而知。項羽一戰成名，也挽救了起義軍瀕於覆亡的命運，他自然順理成章成為盟軍的領袖。這時秦軍已不足懼，在項羽的軍威籠罩下，秦軍已失去先前咄咄逼人的戰力，「章邯軍棘原，項羽軍漳南，相持未戰，秦軍數卻。」項羽的聲威已瓦解了強敵的戰鬥意志，加以秦朝內部矛盾重重，章邯終於率軍投降。

鉅鹿之戰展現了項羽狂飆般的氣勢，也展現了他藐視強敵、勇猛直前的性格，以及他摧枯拉朽的軍事天才。這種蓋世的才氣在彭城之戰中又徹底發揮了一次。這次戰役發生在項羽分封天下之後，劉邦趁著項羽伐齊，後防空虛的機會，脅迫五諸侯兵攻入彭城，項羽還救，雙方爆發大戰：

春，漢王部五諸侯兵，凡五十六萬人，東伐楚。項王聞之，即令諸將擊齊，而自以精兵三萬人南從魯出胡陵。四月，漢皆已入彭城，收其貨寶、美人，日置酒高會。項王乃西從蕭，晨，擊漢軍，而東至彭城；日中，大破漢軍。漢軍皆走，相隨入穀、泗水，殺漢卒十餘萬人。漢卒皆南走山，楚又追擊至靈壁東睢水上。漢軍卻，為楚所擠，多殺漢卒十餘萬人，皆入睢水，睢水為之不流。圍漢王三帀。於是大風從西北而起，折木發屋，揚沙石，窈冥晝晦，逢迎楚軍。楚軍大亂，壞散，而漢王乃得與數十騎遁去。

在這段文字中，司馬遷極力寫出項羽的善戰，寫他以寡擊眾，卻勢如破竹，兵勢如疾風暴雨而來，不到幾個時辰功夫，劉邦的五十六萬大軍就潰不成軍，而且兵敗如山倒，擋都擋不住，甚至想固守山區險要地形，也無法阻擋項羽銳利的攻勢，幾乎全軍覆滅。這種閃電般的攻擊行動，是項羽「所當者破，所擊者服」的霸王氣勢淋漓盡致的發揮。

項王的勇猛是人人畏懼的，他一出現，強敵就避之唯恐不及，「漢有善騎射者樓煩，楚挑戰三回，樓煩輒射殺之。項王大怒，乃自被甲持戟挑戰；樓煩欲射之，項王瞋目叱之；

樓煩目不敢視，手不敢發，遂走還，入壁，不敢復出。漢王使人間問之，乃項王也。漢王大驚。」這是多麼威武，真不愧是「喑噁叱咤，千人皆廢」的楚霸王。漢軍破楚大司馬曹咎軍，圍鍾離眛於滎陽東，「項王至，漢軍畏楚，盡走險阻。」由此可以看出，只要項王出現的地方，楚軍就會聲威大振，敵人則聞風喪膽。甚至到了垓下會戰前夕，楚軍已陷入重重包圍，但項羽仍有光榮的戰績，「漢五年，漢王乃追項王至陽夏南，……至固陵，而信、越之兵不會，楚擊漢軍，大破之，漢王復入壁，深塹而自守。」漢此時已有必勝之勢，但仍再度被項羽擊破，項羽勇猛的氣勢與卓越的用兵能力真是不同凡響。

項羽的勇猛與藐視敵人的氣勢是至死不餒的，垓下被圍，他帶八百騎兵深夜突圍，漢兵到天亮才發覺，在他的眼中，是視漢軍重重包圍如無物的。再看他臨死前的表現：

至東城，乃有二十八騎。漢騎追者數千人。項王自度不得脫，謂其騎曰：「吾起兵至今八歲矣！身七十餘戰，所當者破，所擊者服，未嘗敗北，遂霸有天下；然今卒困於此，此天之亡我，非戰之罪也！今日固決死，願為諸君快戰，必三勝之，為諸君潰圍、斬將、刈旗，令諸君知天亡我，非戰之罪也。」乃分其騎，以為四隊，四嚮。漢軍圍之數重。項王謂其騎曰：「吾為公取彼一將。」令四面騎馳下，期山東為三處。於是，項王大呼馳下，漢軍皆披靡，遂斬漢一將。是時，赤泉侯為騎將，追項王；項王瞋目而叱之，赤泉侯人馬俱驚，辟易數里。與其騎會為三處。漢軍不知項王所在，乃分軍為三，復圍之。項王乃馳，復斬漢一都尉，殺數十百人。復聚其騎，亡其兩騎耳。乃謂其騎曰：「何如？」騎皆伏曰：「如大王言！」

這是項羽生平的最後一戰，這場戰役的結果已經與大局無關，但項羽仍要維護他的英雄形象，對部下證明自己絕對是個天下第一的英雄，他自認是被命運擊敗了，但絕不低頭。看他指揮僅存的二十八騎，仍然有模有樣，「用少如用眾」[1]，潰圍、斬將、刈旗，一切都易如反掌，縱橫自如，敵人雖眾，卻望風披靡，「人馬俱驚，辟易數里。」項羽臨死前的表現，確實仍是那麼威猛，那麼神勇。可以說，項羽一生都散發著令人目眩神迷的光與熱，至死沒有任何冷場，更不會拖泥帶水。

項羽這種勇猛直前、藐視一切的氣勢，這種以雷霆萬鈞之勢呈現生命熱力的狂飆精神，在中國人中是很特出的，這種獨特的生命形態若與陳嬰母子作比較，就會顯得更為突出。陳嬰任東陽縣令史，以信謹著稱，東陽少年殺其令，相聚數千人，強立嬰為長；後來勢力擴充為兩萬人，少年欲立陳嬰為王。陳嬰母謂嬰曰：「自我為汝家婦，未嘗聞汝先古之有

[1] 徐孚遠曰：「項王止二十八騎，能分四隊，期為三處，用少如用眾，其兵法亦略可見矣。」（《補標史記評林》，卷七，頁一九，臺北：地球，一九九二）

貴者。今暴得大名，不祥；不如有所屬。事成，猶得封侯；事敗，易以亡，非世所指名（注目）也。」於是陳嬰不敢為王，以其兵歸附項梁。陳嬰母子所代表的，正是典型中國人「不敢為天下先」的性格[2]，這種凡事預留餘地的性格，從正面看，似有智慧，不吃虧，可以明哲保身；從反面看，卻是怯懦、畏縮的表現。在陳嬰母子的對照下，楚霸王憑蓋世才氣縱橫天下的英雄形象更加突出了。

霸王的性情與韻味

項羽雖勇猛無比，氣勢逼人，但他卻有善良率直的真性情，這種真性情有時甚至流於天真，讓他在險惡的政治鬥爭中，吃了不少暗虧。

韓信曾謂項羽為人：「見人恭敬慈愛，言語嘔嘔，人有疾病，涕泣分食飲。」[3]王陵亦云：「項羽仁而愛人。」[4]陳平亦云：「項王為人恭敬愛人，士之廉潔好禮者皆歸之。」[5]這種描述似乎與項羽勇猛的形象不統一，但項羽性格中卻確實有這兩面。秦將章

---

[2]《老子．六十七章》。

[3]《史記．淮陰侯列傳》，卷九二。

[4]《史記．高祖本紀》，卷八。

邯是殺死項羽季父項梁的仇人，但鉅鹿戰役，章邯向項羽投降，對項羽輸誠，「見項羽而流涕，為言趙高。」當章邯像小孩般對父母訴說委屈時，項羽復仇的怒火溶化了，完全化解對章邯的嫌隙，立他為雍王。這就顯出項羽的善良與豐富的同情心。

鴻門之宴，劉邦生命懸於項羽一念之間，當范增「數目項王，舉所佩玉玦以示之者三。」局面緊張到了極點，但項羽卻遲遲下不了手，不忍殘殺共同破秦的盟友；後來更對闖入營門的樊噲的英勇表現產生惺惺相惜之感，稱之為「壯士」，「賜之卮酒」，「賜之彘肩」，而當樊噲義正詞嚴指責項羽時，項羽的反應是「未有以應，曰：『坐。』」堅定了不殺劉邦之心。這些反應可以看出項羽性格中敦厚的一面，君子可欺之以方，項羽確實可稱得上是個「君子」，面對樊噲冠冕堂皇的門面話，他不懂得如何去戳破，更不會蠻橫地斥責，而是自覺理屈，覺得虧待劉邦有失諸侯領袖的身分。范增召項莊舞劍時所說的「君王為人不忍」，確實看透了項羽「仁而愛人」的一面，鴻門宴確實表現了項羽仁而愛人、光明磊落的性格，他不玩權謀，不耍手段，他要當堂堂正正的諸侯領袖。至於劉邦對項羽說：「臣與將軍戮力而攻秦，將軍戰河北，臣戰河南，然不自意能先入關破秦，得復見將軍於此。今者有小人之言，令將軍與臣有郤。」項羽脫口回答：「此沛公左司馬曹無傷言之，不然，籍何以至此。」未免太直爽、太無心機了，他完全把劉邦看作老朋友，完全沒有戒

5 《史記．陳丞相世家》，卷五六。

心，因此輕易洩露「絕對機密」，毀掉自己在劉邦內部最重要的耳目。劉邦的話固然講得充滿孺慕之情，「語意藹然」⑥，但畢竟是精心設計的外交辭令，項羽居然以真性情相對，未免天真得離譜。

垓下之圍中，面臨絕境的項羽又表現了他的俠骨柔情。「項王軍壁垓下，兵少食盡，漢軍及諸侯兵圍之數重。夜聞漢軍四面皆楚歌，項王乃大驚曰：『漢皆已得楚乎？是何楚人之多也！』項王則夜起，飲帳中。有美人名虞，常幸從；駿馬名騅，常騎之。於是項王乃悲歌忼慨，自為詩曰：『力拔山兮氣蓋世，時不利兮騅不逝。騅不逝兮可奈何，虞兮虞兮奈若何！』歌數闋，美人和之。項王泣數行下，左右皆泣，莫能仰視。」這裡表現了英雄失路的悲哀，但項羽這時不是擔心自己，而是感慨自己對一生最鍾愛的美人卻無力保護，於是蓋世英雄一時兒女情長起來，這種傷感的表現，讓我們發現項羽確是個有情人。

項羽由垓下突圍，欲東渡烏江，烏江亭長檥船待，謂項王曰：「江東雖小，地方千里，眾數十萬人，亦足王也。願大王急渡。今獨臣有船，漢軍至，無以渡。」項羽卻似乎突然徹悟，笑曰：「天之亡我，我何渡為！且籍與江東子弟八千人渡江而西，今無一人還，縱江東父兄憐而王我，我何面目見之？縱彼不言，籍獨不愧於心乎？」於是將心愛的騅馬賞賜給亭長，並且在力戰一陣，殺漢軍數百人後，自刎而死，把頭顱送給故人呂馬童，讓他

⑥ 姚祖恩，《史記菁華錄》，卷一，頁九，臺北：聯經，一九七九。

接受萬戶侯的封賞。項羽臨死的處置是很特殊的，他面對死亡竟無一絲恐懼，他所在乎的是對不起江東父老，一個蓋世英雄是絕不願活在別人的憐憫之下的，他是這麼忠厚又負氣[7]，他在窮途末路時想到的竟是別人對他的看法如何，愛馬將來的命運如何，以及他的存在對江東父老的意義。死亡或許可以讓江東的苦難告一結束。

「喑噁叱咤，千人皆廢」的楚霸王，居然還有善良率直、忠厚天真的一面，這些真性情使一向以強者姿態出現的楚霸王，讓人覺得他很「人性」，很有「韻味」，所以他的失敗就更令人同情，令人低徊不已。「項王已死，楚地皆降漢，獨魯不下，漢乃引天下兵欲屠之，為其守禮義，為主死節，乃持項王頭視魯，魯父兄乃降。始楚懷王初封項籍為魯公，及其死，魯最後下，故以魯公禮葬項王穀城。」富有人情味的項羽，總算還有一個富有人情味的結局，還有人在他死後效忠他，或許可稍減不甘與寂寞吧！

天之亡我，非戰之罪——項王不甘心的呼喊

項羽二十四歲起兵，短短幾年之間，以狂飆之勢席捲天下，鉅鹿之戰擊破秦軍主力，為諸侯上將軍，時年二十七；次年，將五諸侯入秦，分封天下，自立為西楚霸王，王梁楚

[7] 姚祖恩謂項羽對烏江亭長之言：「最長厚，又復負氣。」（同上，頁一七）

九郡，是霸業的顛峰。此後則一路走下坡，先是田榮反齊地，並王三齊，又予彭越將軍印，令反梁地，使項羽有腹心之患；陳餘又反趙地，欲與齊併力滅楚；漢王劉邦也乘機還定三秦，並一度攻入彭城。項羽雖然仍連戰連勝，所向無敵，但天下已烽火遍地，項羽往來征討，只能扮演救火的任務，剛消滅一個敵人，馬上又有更多的敵人趁機竄起，項羽手下又缺少獨當一面的將才，因此重要戰役都須親自出馬，最後與漢相距滎陽、成皋間，抽身不得，聲勢日蹙，漢卻已趁機攻下黃河流域的魏、趙、燕、齊，對楚形成包圍之勢，項羽雖強，已無法以一隅之地與全國抗衡，於是兵敗垓下，自刎烏江，已是必然的結局。

項羽的失敗絕非力不如人，因為他確實能做到「所當者破，所擊者服」，所以他在垓下被圍時，仍悲歌忼慨的唱出：「力拔山兮氣蓋世，時不利兮騅不逝。」對自己的才氣充滿自負之情，認為失敗完全是因為時運不濟；在突圍過程中，又一再對部下訴說：「此天之亡我，非戰之罪也！」充滿不甘、不平之氣。的確，「天亡我」亦有部分道理，因為劉邦確曾數度落在項羽掌握中，卻一再得到幸運之神眷顧，化險為夷，鴻門、彭城、滎陽、成皋，劉邦一再絕處逢生，豈非天幸！故凌稚隆亦云：「按漢王睢水之遁，天實相之。淮陰謂：『陛下殆天授。』信哉！而羽自謂：『天亡我。』亦不可盡非之也。」[8]

但是，項羽不了解，劉邦得天下雖有天幸，他自己的失敗卻不能完全歸咎於命運，才

[8] 見《補標史記評林》，卷七，頁一〇。

華蓋世本來就不能保證霸王地位永世不替，他雖然在不甘心中一步步被推向失敗的命運，以蓋世的才氣也扭轉不了愈來愈不利的局勢，但他自己必須為這一切負責[9]。

司馬遷極力頌揚項羽的功業，肯定他滅秦的貢獻，對他急速竄起感到難以思議，所以推測他是舜的苗裔，謂：「吾聞之周生，曰：『舜目蓋重瞳子。』又聞項羽亦重瞳子。羽豈其苗裔邪？何興之暴也！」想用神秘力量解釋項羽的功業；並且認為項羽「位雖不終，近古以來未嘗有也。」承認他是不世出的大英雄。但司馬遷對於項羽至死不悟，一再歸咎命運，引「天亡我，非用兵之罪也。」自我開脫，表示不滿。他認為項羽失敗的原因為：一、背關懷楚（即捨棄關中形勝之地而都彭城）。二、放逐義帝而自立，使諸侯效法而叛。三、自矜功伐，奮其私智而不師古，想憑藉武力經營天下。

另外，漢初的人也經常談到項羽的缺點，或檢討他失天下的原因。劉邦自己認為漢勝楚敗是因為自己能用張良、蕭何、韓信三傑，項羽僅有一范增而不能用[10]。王陵認為劉邦

---

[9] 史公的「究天人之際」，就是要探討人類所能掌握與不能掌握的事物的分際，了解人事與超人事的力量間互相滲透的奧秘，但史公似乎也沒有辦法完全釐清二者之間的分際，尤其沒有辦法完全掌握「天」的律則（本來就沒有人能夠），所以他對有些超出常理所能解釋的現象也會有所迷惘。（歷史家不能像道德家一般，滿足於「義命分立」，他必須設法求得歷史發展的軌跡。）

[10] 《史記．高祖本紀》，頁三八一。

能與天下同利，賞賜大方；項羽反之，且猜忌賢能，所以劉勝項敗[11]。韓信認為項羽的缺點是：不能任屬賢將；捨不得分封功臣；不居關中；背義帝之約，分封不公，以親愛王諸侯；行為暴虐，失去民心；封三秦王失當[12]。陳平認為項羽論功行賞不乾脆，士以此不附[13]。以上的分析有詳有略，但他們對項羽的認識幾乎相當一致，其中尤以韓信的分析最為詳盡。

舊貴族的最後掙扎——項羽楚貴族出身的世界觀與時代潮流的對抗

前人的分析大抵已將項羽失天下的原因參究得很詳盡，但由於時代的限制，他們對某些影響歷史發展的力量，不可能像現代人看得那麼透徹。有些問題他們看到了，卻看得不夠鞭辟入裡；有些問題他們則視而不見。因此本文想重新探討項羽失敗的原因，並且希望能找出統攝這些失敗原因的關鍵。本文認為，項羽的確犯了很多重大錯誤，這些錯誤雖然有些可以由他的性格或智慧加以解釋，但若追究下去，更反映了項羽的出身。換言之，項

[11] 同上。
[12] 《史記．淮陰侯列傳》，頁二六一二。
[13] 《史記．陳丞相世家》，頁二〇五五。

羽舊貴族的出身成為他最大的包袱，使他在面對一個亙古未有的大變局時，無法找出最好的方式去應付，終於在懵懵懂懂中遭到失敗的命運。以下即就此點加以說明。

在探討項羽失敗的原因時，有許多現代的歷史研究者在前人認為項羽分封不公的基礎上進一步認為，項羽重行封建是他最大的失策，因為封建是歷史的倒退，違反歷史發展的規律，而且封建不公也為項羽帶來層出不窮的難題。姑不論項羽的分封諸侯是否真的不公[14]，但項羽的勢力在重行封建後開始走下坡確是實情；而且在當時實行封建已缺乏類似周朝宗法封建的基礎，無法凝聚諸侯的向心力，所以封建行不通是必然的。但是，當時若不分封諸侯，事實上也行不通，因為滅秦是聯合諸侯之力，而且六國遺民仍有濃厚的故國觀念，所以項羽若想效法亡秦，強行稱帝，不可能不再度流血，此觀乎後來劉邦稱帝後仍須承認異姓諸侯王的地位，再次第加以翦除，可以證明項羽不行封建也不可能。因此，項羽事實上是落在一個兩難的局面，只是他沒有把事情考慮到這麼周到罷了，善乎劉辰翁所謂「立功易，為宰難。」[15]項羽當時確實已陷入兩難的困境，非有大智慧不足以解決此一問題。若為項羽借箸代籌，走大一統的路子對他最為有利，而為安撫諸侯，應輔以較小規

[14] 如呂思勉云：「就《史記》所言功狀，所以遷徙或不封之故觀之，實頗公平。」（見氏著，《秦漢史》，頁三九，臺北：臺灣開明）

[15] 引自瀧川資言，《史記考證》。不過劉辰翁此言是針對田榮未受封因而造反而發。

模的封建，此亦即走後來漢帝國封建郡縣並行的路子，不過就當時的情勢而言，要項羽憑空想出這個好辦法是近乎苛責了。

大舉封建是當時「宰天下」者最不利的方式，這點後來張良看得很清楚，當酈食其勸劉邦復立六國之後，謀橈楚權時，張良謂：

天下游士，離其親戚，棄墳墓，去故舊，從陛下游者，徒欲日夜望咫尺之地。今復六國，立韓、魏、燕、趙、齊、楚之後，天下游士，各歸事其主，從其親戚，反其故舊墳墓，陛下與誰取天下乎？[16]

張良所陳述的情況當然也適用於項羽的封建，項羽分封天下後，不但人才流失，實力大損，而且已得到封地的，只會為自己的王國利益打算，不再為項羽拚命[17]；未得封王的，則憤憤不平，唯楚是問[18]。項羽的霸業因此難以維持。尤有進者，天下皆已分封，項羽屬

[16] 《史記．留侯世家》，卷五五，頁二〇四一。

[17] 如項羽擊齊，徵兵九江王英布，布稱疾不往，使將將數千人行，從此項羽與英布矛盾日深，終於導致英布叛楚歸漢。（詳見《史記．黥布列傳》）至如項羽分封的其他諸侯，在楚漢相爭中，也很少助楚一臂之力。

[18] 如齊之田榮、趙之陳餘。

下之有大功者，已難以再封，以致功臣離心[19]，而項王亦因虧待屬下，導致懷疑功臣的忠誠[20]，因此，項羽分封天下後，已難以再得士之死力，他的霸業開始走下坡是必然的。

項羽滅秦後所面對的，是一個亙古未有的局面，面對此一局面，選擇封建或郡縣的方式宰制天下，要有掌握歷史潮流的眼光，並不是「師古」所能告訴他的[21]，所以在這點上不能苛責項羽。但很不幸的，項羽舊貴族的出身，卻很容易讓他選擇對他最不利的封建方式，因為六國舊貴族心目中的天下，仍是封建共主式的天下，而不是專制帝國式的天下；加以項羽是楚國舊貴族，對楚地有特別深厚的感情，富貴歸故鄉的願望極強，因此沒有放眼天下的眼光，容易以楚人的立場看問題，能據楚稱霸，已心滿意足了。此所以凌稚隆稱項羽：「從來無統一天下之志。」[22]因此我們可以說，項羽舊貴族的出身，使他宰制天下時，毫不思索就選擇了對他最不利的封建方式，而分封完畢，項羽的事業就開始走下坡了。

其次，項羽舊貴族的出身，使他忽視新興的平民勢力，用人唯親，在舊貴族的圈子中

[19] 項羽「至使人有功，當封爵者，印刓敝，忍不能予。」（韓信語，見〈淮陰侯列傳〉）固是性格使然，但也應該從這個角度了解，他確實已無地可封。

[20] 如項羽對鍾離昧、范增皆然。（前者見〈陳丞相世家〉，後者見〈項羽本紀〉）

[21] 司馬遷評項羽：「奮其私智而不師古。」（〈項羽本紀〉贊）

[22] 《補標史記評林》，卷七，頁一八。

找人才，因此屬下能力強的平民野心家如韓信、陳平等人，都跑到劉邦集團謀求發展，最後項羽陣營大鬧人才荒，甚至連堅守成皐十五日的將領也找不到[23]，因此項羽雖每戰必勝，但獨木難支，終於難逃敗亡命運。項羽這個不能任用人才的缺點，劉邦、王陵、韓信、陳平等人都認為是他失去天下的關鍵因素。但項羽「不能信人，其所任愛，非諸項即妻之昆弟，雖有奇士不能用。」[24]正反映他舊貴族出身的用人習慣與用人眼光。呂思勉謂：「項氏故楚世家，其用人猶沿封建之世卑不踰尊、疏不踰戚之舊，漢高起於氓庶，則不然也。然是時知勇之士，固不出於世祿之家，此其所以一多助、一寡助乎？」[25]這是說明項羽舊貴族的出身，影響他的用人習慣，以致不能得人才而用之。徐復觀謂：「領導人民（亡秦）的，卻可分為兩大集團；一是平民中的野心家；一是六國的殘餘貴族。……項羽范增們，卻代表著殘餘的貴族。項羽對功臣的刓印不封，乃是只著眼到過去的貴族，而忽視了新起的平民野心家。他在關中戲下時，不是大封諸侯王嗎？但他此後不再考慮平民野心家的願望。劉邦開始是徘徊於二者之間，但因韓信首先向他提醒，張良繼續促成，他便知道只有滿足新起的平民野心家的願望，才可能取得天下。」[26]這是說明項羽舊貴族的出身，影響

[23] 大司馬曹咎違背項羽訓誡，與漢大戰，全軍覆沒，成皐失陷，使楚軍情勢逆轉。（見〈項羽本紀〉）
[24] 陳平語，見《史記．陳丞相世家》。
[25] 呂思勉，《秦漢史》，頁四八。

他的用人眼光，不懂得利用裂土分封的方式，籠絡平民野心家，只把注意力集中在舊貴族身上；項羽既無法滿足平民野心家的願望，自然無法得到他們的幫助，他們甚至倒戈相向，成為滅楚的主要力量。

「背關懷楚」，放棄關中形勝之地而都彭城，也是後來項羽遭到挫敗的重要因素，而我們由項羽東歸的理由——「富貴不歸故鄉，如衣繡夜行，誰知之者？」可以清楚看到，這又是項羽舊貴族出身的懷舊心理與楚人的地方意識發酵後惹的禍[27]。固然梁楚九郡是項羽的根據地，而且軍吏士卒皆思東歸，建都關中有實際的困難；但反過來說，這正說明項羽只能把楚地當作根據地，格局顯然太小，無法成為天下的領袖。後來劉項對峙滎陽、成皋間時，劉邦得關中人力、物力源源不絕的補充；項羽卻後防不穩，糧道一再被截，兵疲食絕，最後被迫議和、撤軍，劃鴻溝為界，已是英雄末路了。

三分關中，立秦降將章邯為雍王，司馬欣為塞王，董翳為翟王，以距塞漢王，是項羽的另一失策，等於是把關中奉送給劉邦。而項羽此一做法，也反映了他舊貴族出身的立場，他坑殺秦卒後，獨挾章邯、董翳、司馬欣三人入秦，要利用他們三人控制秦民，顯然不知

---

[26] 徐復觀，《周秦漢政治社會結構之研究》，頁一六五，臺北：學生，一九七四。

[27] 此所以項羽不曾考慮建都關中，當他坑秦降卒二十餘萬，又屠咸陽後，已與秦民結下血海深仇，不可能據關中稱霸了。

群眾的力量，以為控制幾個要員就可控制秦地。韓信當時就一眼看穿項羽分封三秦王的荒謬，他說：

三秦王為秦將，將秦子弟數歲矣，所殺亡不可勝計，又欺其眾降諸侯。至新安，項羽詐坑秦降卒二十餘萬人，唯獨邯、欣、翳得脫，秦父兄怨此三人，痛入骨髓。今楚彊以威王此三人，秦民莫愛也。[28]

果然，漢兵一出，三秦就傳檄而定。塞王翟王皆降。章邯雖然善戰，勉強支持近一年，但士卒既已離心，終於城陷自殺。

由於不了解人民的力量，項羽經常在打敗敵人後，進行屠殺，結果反抗他的人愈來愈多，弄得自己焦頭爛額。司馬遷與韓信都曾對項羽此一作風提出批判，認為是他失敗的原因之一。其中如坑秦降卒，屠咸陽，猶可算是報仇心切，導致行動過於激切，「項羽楚人，既失其祖，又失其季父，怨秦入骨；其入咸陽，猶伍子胥入郢，殺王屠民燒宮殿，以快其心者，亦不足異，謂之無深謀遠慮可也；謂之殘虐非道者，未解重瞳子心事。」[29]但是田

---

[28] 《史記．淮陰侯列傳》，頁二六一二。

[29] 瀧川資言，《史記考證》。見《史記會注考證》，卷七，頁一四二，臺北：文史哲，一九九三。

榮反齊，被項羽擊敗，逃至平原，被平原人民所殺。當時項羽若略施政治手腕，戰事本已可以結束，以便全力對付劉邦。但項羽卻不此之圖，「遂北燒夷齊城郭室屋，皆坑田榮降卒，係虜其老弱婦女，徇齊至北海，多所殘滅，齊人相聚而叛之。於是田榮弟田橫，收齊亡卒得數萬人，反城陽，項王因留，連戰未能下。」由一戰而勝到「連戰未能下」，是因為項羽已與全齊國人民為敵了。由此一端，可見項羽的殘暴帶給他多大的麻煩。他不思收攬民心，只想以暴力征服天下，縱使如何善戰，也是戰不勝戰的，最後的結果必然是敵人愈聚愈多，自己的軍隊愈打愈少，陷於完全的孤立。由此可知，項羽滅亡的另一個原因是他過於殘暴，喪失民心。他順著全民的願望推翻暴秦，所以其興也暴；一旦他與人民為敵，那麼「五年卒亡其國」已是必然的結局。但他如此暴虐，輕易與人民為敵，顯然也與他高高在上的貴族心態有關，他因此不能體會人民力量的偉大。

綜上所述，項羽舊貴族的出身已成為他最大的包袱，由於他無法超越舊貴族的立場，以及由此衍生的楚人意識，因此遮蔽了他面對新世界的眼光，變成一個與時代脫節的霸王，他雖然想以無堅不摧的武力支配環境，但環境終於反過來支配他，他縱有蓋世才氣，也扭轉不了這一切，最後終於在懵懵懂懂中遭到失敗的命運，他臨死前雖然不甘心的一再呼喊：「此天之亡我，非戰之罪。」但他的缺陷卻是很明顯的，只是他自己不能覺察到罷了。

於今思項羽，不肯過江東——後人對才氣蓋世的失敗英雄的懷念

項羽一生的霸業雖然失敗了，但〈項羽本紀〉卻留下他鮮活的形象，我們至今仍能感受到這位平地拔起，在三年之內稱霸天下的狂飆英雄的生命力與熱力。加以他的霸業興起也暴，敗亡也速，且一生充滿傳奇性，後人對這位才氣蓋世，卻像彗星般在最燦爛耀眼時迅即殞落的失敗英雄，就更加惋惜了。時間讓人忘掉他所犯過的錯誤，留下他推翻暴秦的功績，以及才氣蓋世的英雄形象，更使人為之神往。後代詩人對項羽功業未成，頗多惋惜之情，甚至引為自己淪落天涯的同調。杜牧有詩云：

勝敗兵家事不期，包羞忍恥是男兒，
江東子弟多才俊，捲土重來未可知。（〈題烏江亭〉）

這是惋惜項羽未能忍辱渡江，徐圖再舉。是作者對項羽蓋世才氣的絕對肯定，對項羽霸業未成的扼腕。作者對項羽的欣賞溢於言表。

李清照亦有詩云：

生當作人傑，死亦為鬼雄。
於今思項羽，不肯過江東。〈烏江〉

這首詩除了對項羽不肯渡江再舉，感到惋惜與懷念外，更毫無保留表示對項羽的推崇，生作人傑，死為鬼雄，項羽永遠活在後人的心目中。

黃景仁則有詩云：

美人駿馬甫沾襟，遽使江東阻壯心。
子弟重來無一騎，頭顱將去值千金。
誰言劉季真君敵？畢竟諸侯負汝深。
莫向寒潮作悲怒，歌風臺址久消沉。〈烏江項王廟〉

這首詩不但肯定項羽「所當者破，所擊者服」的霸王地位，將項羽的失敗歸咎諸侯的負情，而且引項羽為同調，抒發自己窮途末路的感慨。透過對項羽的憐惜悲憫，作者藉此洗滌了自己的愁悶，而「喑噁叱咤，千人皆廢」的楚霸王，也一時變得親切起來了。這位失敗的英雄，已褪去剛暴的形象，成為天涯淪落人的知己。

潮起潮落，浪淘盡，千古風流人物，但項羽永遠活在後人的心目中。

「意豁如」所呈現的生命風姿與政治能力

——劉邦的性格與政治才華的結合

司馬遷在〈秦楚之際月表〉序中，曾對劉邦以一介平民，在毫無憑藉的情況下，能在短短五年之間掃除群雄，成就不世的功業，感到無比的震駭與不可思議，所以他既感歎又迷惑地說：「此乃傳之所謂大聖乎？豈非天哉！豈非天哉！非大聖孰能當此受命而帝者乎？」[1]

的確，劉邦得天下是有些幸運的成分，諸如劉邦入關中後，欲閉關自王，當項羽破關而入準備攻擊劉邦時，卻憑空跑出一個項伯，為報張良救命之恩，夜見張良，使本為雷霆萬鈞的軍事行動，化為鴻門宴的喜劇收場[2]。又如劉邦大敗於彭城，被楚軍追殺，「圍漢王三帀」，已成甕中捉鱉之勢，「於是大風從西北而起，折木發屋，揚沙石，窈冥晝晦，逢迎楚軍。楚軍大亂，壞散，而漢王乃得與數十騎遁去。」[3]這真是得天之幸了。

---

[1]《史記．秦楚之際月表》，卷一六，頁七六〇。《新校本史記三家注并附編二種》，臺北：鼎文，一九八五。

[2]《史記．項羽本紀》，卷七，頁三一一－五。

[3]《史記．項羽本紀》，頁三二二。

然而，光是機運無法成就劉邦「無土而王」的功業，而在司馬遷筆下極為人性化的人物形象中，我們可以看到劉邦特殊的性格與他政治才華的結合，使得勝利之神終要站在他這一邊，使他成為中國歷史上第一個布衣帝王。

「意豁如」表現出的帝王氣度

在太史公「不虛美，不隱惡」的「實錄」裡，劉邦不是一個神聖無瑕的開國天子，他有好酒、好色、傲慢、狠毒、猜忌的負面形象，但這些缺點卻沒有絆住他的帝王之路，這是因為他擁有成就大事業的重要人格特質，此一人格特質即是〈高祖本紀〉中所說的「意豁如也」、「常有大度」[4]。

「意豁如」或「大度」就是指他灑脫、不沾滯、豁得開，這使他能拋棄瑣細的禮儀、虛偽的排場，與屬下君臣相得，又能用度外之人；使他能承認自己不如人之處，承認自己犯下的錯誤，因而能調整腳步，掌握瞬息萬變的形勢；也使他在機會來臨時，敢於義無反顧的下注，不致逡巡不決，延誤良機。尤有進者，此一豁達大度的性格，使劉邦的政治才華能充分發揮，使他能順應社會的脈動，擬出正確的戰略與吸引人心的政治策略。

[4] 《史記．高祖本紀》，卷八，頁三四二。

劉邦環繞著「意豁如」或「大度」表現出來的，就是所謂的「帝王氣度」，由是無尺土之封的劉邦，遂得順應民心、順應歷史潮流，提三尺劍而取天下。

豁達大度對人才的吸引力

劉邦的「大度」，使他能拋卻煩瑣的禮儀，以最率真的方式和屬下直接照面，讓有才華的人能盡情發揮，這使他對游走諸侯間的人才，尤其是布衣，具有磁鐵般的吸引力。酈食其引頸等候劉邦的例子頗具代表性：

> 及陳勝、項梁等起，諸將徇地過高陽者數十人，酈生聞其將皆握齱，好苛禮，自用，不能聽大度之言，酈生乃深自藏匿。後聞沛公將兵略地陳留郊，沛公麾下騎士適酈生里中子也，沛公時時問邑中賢士豪俊。騎士歸，酈生見，謂之曰：「吾聞沛公慢而易人，多大略，此真吾所願從游，……。」[5]

一般的起義軍領袖喜歡用苛禮堆砌出自己的權威，並且在苛禮的烘托下自我膨脹，於是在

[5] 《史記．酈生陸賈列傳》，卷九七，頁二六九一－二。

人我之間築起了一道高牆，把自己孤立了。劉邦雖「慢而易人」，卻能在世俗的禮儀軌道之外，直接欣賞才情之士的意見，「聽大度之言」，於是才智之士自然覺得跟隨劉邦能發揮才幹，有前途，劉邦陣營自然是人才濟濟了。

劉邦的「大度」更表現在他能用度外之人上。陳平是劉邦陣營中僅次於張良的智囊，他是叛楚來歸的，但劉邦在與他一次深談後，就任命他為都尉，「使為參乘，典護軍」。這個任命使諸將讙譁，抗議道：「大王一日得楚之亡卒，未知其高下，而即與同載，反使監護軍長者。」但劉邦卻更加親近。後來絳、灌也進讒言，批評陳平盜嫂受金，是反覆亂臣。劉邦雖一度起疑，但馬上接受陳平的解釋，而且厚賜陳平，升為護軍都尉，盡護諸將[6]。後來陳平果然為劉邦出了不少奇計，屢脫劉邦於厄。觀陳平對讒言的辯解，頗堪玩味。他說：

> 聞漢王之能用人，故歸大王。臣臝身來，不受金無以為資。誠臣計畫有可采者，願大王用之；使無可用者，金具在，請封輸官，得請骸骨。[7]

---

[6] 《史記．陳丞相世家》，卷五六，頁二〇五三－四。

[7] 《史記．陳丞相世家》，頁二〇五四。

陳平並未如一般人急於洗刷別人的指控，而是坦然接受「受金」之事，並坦白告訴劉邦自己的存在價值。這種超乎常情的坦白，也只有劉邦能夠接受，這是雙方以最率真的方式直接照面，只有劉邦的「大度」能容得下陳平，使他的才智發揮得淋漓盡致。後來劉邦困於滎陽時，陳平建議行反間計，離間項羽與亞父、鍾離昧、龍且、周殷數位骨鯁之臣，「漢王以為然，乃出黃金四萬斤，與陳平，恣所為，不問其出入。」[8]將大批黃金交付有「盜金」嫌疑的陳平，讓他自由運用，不加追問，此一大手筆，只有劉邦的「大度」才做得出來。後來陳平也沒辜負劉邦的託付，離間了范增與項羽的關係，使這位項羽陣營中最可怕的謀士黯然離去，死在回彭城的路途上。

連陳平這種「有問題」的人，在劉邦手下都能發揮長才，劉邦陣營能吸引游走諸侯間第一流的謀士與武將，就不是偶然了。讀史的人常訝異於漢開國時期人才之盛，殊不知千里馬常有，而伯樂不常有，這是與劉邦豁達大度，能不拘一格用人有關的，否則上蒼何嘗獨鍾愛楚漢之際，多降人才於人間，而獨薄其他朝代哉！

---

[8]《史記．陳丞相世家》，頁二〇五五。

豁達大度與才智之士的使用

劉邦的豁達大度，使他能拋棄虛偽的自尊心，承認屬下的才能有自己不及之處；並且在犯下錯誤時，能放下身段面對，承認錯誤，因而能調整腳步，不致因決斷錯誤付出重大的代價。

夫運籌策帷帳之中，決勝於千里之外，吾不如子房。鎮國家，撫百姓，給餽饟，不絕糧道，吾不如蕭何。連百萬之軍，戰必勝，攻必取，吾不如韓信。此三者，皆人傑也，吾能用之，此吾所以取天下也。[9]

這是劉邦得天下後，置酒雒陽南宮時的一段自白，但我們更應知道，劉邦的重用三傑，對張良是言聽計從；對蕭何是把關中根據地完全託付給他；對韓信則是把黃河以北的指揮權完全委任他。這種大手筆是其他政治人物難望項背的。

在放下身段，面對錯誤上，劉邦也有超出常人的表現。當劉邦攻入咸陽，「入秦宮，宮

[9] 《史記．高祖本紀》，頁三八一。

室帷帳狗馬重寶婦女以千數，意欲留居之。」但經張良勸諫後，毅然還軍霸上[10]。此一改變使劉邦免淪為無道的亡秦之續，且免去稍後項羽入關後，成為被攻擊的顯著目標。又如劉邦本聽酈食其建議，欲立六國之後，經張良剖析利害後，「漢王輟食吐哺，罵曰：『豎儒，幾敗而公事！』令趣銷印。」[11]這是劉邦擺脫對殘餘舊貴族勢力的幻想，擺脫重行封建的重大決定，這個決定是日後劉邦能建立統一大帝國的關鍵，也是他與項羽成敗的一大關鍵（項羽迷戀於舊秩序與舊勢力），劉邦由於願意放下身段面對錯誤，使他站到了時代潮流這一邊。

劉邦此一願意面對錯誤的豁達胸襟，在得天下後依然不變。漢七年，韓王信勾結匈奴謀反，劉邦派人出使匈奴打探虛實，使者歸來多言匈奴可擊，僅劉敬判斷匈奴故意示弱見短，伏奇兵以爭利，劉邦認為他妄言動搖士氣，械繫廣武，然匈奴果出奇兵圍劉邦於白登，幾不得脫。劉邦回廣武後，立刻向劉敬道歉，並封為建信侯。後並採用劉敬和親建議，使漢與匈奴關係得到穩定[12]，為以後出擊匈奴提供了備戰的時間。劉邦此一未聽諫言，受到屈辱後，尚願面對錯誤的胸襟是了不起的，在歷史上，我們可以看到很多拒諫受辱，卻惱

[10]《史記．留侯世家》，卷五五，頁二〇三七。
[11]《史記．留侯世家》，頁二〇四〇－一。
[12]《史記．劉敬叔孫通列傳》，卷九九，頁二七一八－九。

羞成怒，怪罪勸諫者的例子，如秦二世、如袁紹，他們為證明自己是對的，就剛愎自用到底，文過飾非，終至大局糜爛。

劉邦以武力得天下，陸賈卻常在他面前稱引《詩》、《書》，劉邦罵他：「乃公居馬上而得之，安事《詩》、《書》！」陸賈回答：「居馬上得之，寧可以馬上治之乎？」為他陳述「逆取順守」的道理，劉邦雖不高興但感到慚愧，乃要陸賈著書陳述秦失天下、漢得天下的原因，「陸生乃粗述存亡之徵，凡著十二篇，每奏一篇，高帝未嘗不稱善，左右呼萬歲，號其書曰《新語》。」[13] 劉邦承認錯誤，改變心態，深切體會「逆取順守」的道理，不再迷信以武力治國，讓他保住了江山。

豁達大度的另一面相——劉邦勇於下注的賭徒性格

劉邦的灑脫、豁得開，使他在機會來臨時，勇於下注，不致瞻前顧後，猶疑不決，錯失良機。

他當過秦之亭長，等於是秦朝的基層公務員，曾替縣府押解修驪山墓的刑徒，但刑徒半路紛紛逃亡，劉邦此時醒覺亭長的路已走不下去了，於是夜裡毅然無條件放走刑徒，曰：

[13] 《史記・酈生陸賈列傳》，頁二六九九。

「公等皆去，吾亦從此逝矣！」這是對秦皇朝的決裂宣告，他要另謀出路了。這裡看出劉邦對時局敏銳的觀察力，以及勇於下注的作風，這是他與過去的我作徹底的決裂，走上反叛的不歸路，而他縱放刑徒的舉動，也為他贏得第一批部屬，「徒中壯士願從者十餘人」⑭。當天下尚未大亂時（陳勝當時尚未起兵），身為秦朝基層公務員，卻果敢地走上反叛之路，等待機會來臨，這是下了相當大的賭注的。

劉邦後投靠項梁，項梁兵破，又在楚懷王手下當碭郡長。這時楚把主力擺在北路，以宋義為首救趙（宋義後為項羽所殺）；另外想派一支軍隊向西略地，伺機進入關中滅秦。這時秦軍尚強，楚兵新破，諸將多不敢輕捋秦之虎鬚，「獨項羽怨秦破項梁軍，奮，願與沛公西入關。」劉邦終於爭取到「扶義而西」的機會⑮。他率領的是一支不滿萬人的部隊，這時秦軍主力雖被吸引在黃河以北，但入關的道路卻仍是強敵環伺，稍一不慎就會全軍覆沒。劉邦毅然承擔此一危險的任務，此一冒險卻使他得以擺脫項羽，得到獨立發展的機會；而且這條路是陳勝、項梁進軍的道路，劉邦遂得以「收陳王、項梁散卒」，壯大自己，終能把握秦軍主力降於河北的機會，首先進入關中，接受秦王子嬰投降。劉邦的豁開一切，勇於冒險，讓他嚐到甜美的果實。那些畏首畏尾的楚軍將領，縱使機會擺在面前，也不敢迎上

---

⑭《史記．高祖本紀》，頁三四七。

⑮《史記．高祖本紀》，頁三五六－七。

前去，他們永遠只能當跟班，當二、三流的配角。

劉邦的天下大多是韓信幫他打下的，但他任用韓信為大將，卻也是一場豪賭。劉邦為漢王入蜀時，韓信亡楚歸漢，經蕭何極力推薦，並經過一段「蕭何月夜追韓信」的插曲後，劉邦就在尚未與韓信深談的情況下，築壇拜將：

何曰：「王計必欲東，能用信，信即留；不能用，信終亡耳。」王曰：「吾為公以為將。」何曰：「雖為將，信必不留。」王曰：「以為大將。」何曰：「幸甚。」於是王欲召信拜之。何曰：「王素慢無禮，今拜大將如呼小兒耳，此乃信所以去也。王必欲拜之，擇良日，齋戒，設壇場，具禮，乃可耳。」王許之。諸將皆喜，人人各自以為得大將。至拜大將，乃韓信也，一軍皆驚。[16]

觀這段對話，可看出劉邦爽快的一面。劉邦此時用韓信，完全是因為蕭何的推薦，且並未對韓信的能力深信不疑，所謂「吾為公以為……」是也。但東向爭天下既是劉邦的宿願，而眼前又無堪用以東征的將領，於是他在權衡之下爽快地接受了蕭何的建議，築壇拜將。而由「一軍皆驚」可以看出這實在是一場豪賭，如果這次不次拔擢韓信，拜為大將，事後

---

[16] 《史記．淮陰侯列傳》，卷九二，頁二六一一。

證明韓信才能平庸，那麼不但劉邦在軍事行動上會蒙受重大損失，且軍心亦會潰散，劉邦用人如兒戲的舉動將導致領袖形象的破滅。但劉邦在權衡得失後卻勇於下注，毫不猶疑，事後卻證明他這場豪賭押對了，韓信成為劉邦手中的一張超級王牌，戰無不勝，攻無不克，讓劉邦集團的軍事力量馬上發揮出來。

俗話說：「秀才造反，三年不成。」這是因為打天下者須具有賭徒性格，不能瞻前顧後，否則機會一縱即逝。秀才由於熟讀詩書，兼以個性較為懦弱，做事往往精思熟慮後才敢下手，但精思熟慮與瞻前顧後是一體的兩面，而打天下哪有不用冒險的，所以秀才造反就難有成功的指望了。劉邦勇於下注，不瞻前顧後的賭徒性格正是打天下者必須具備的，而這也是他豁達、灑脫的另一個面相。

豁達大度轉化出的其他政治能力

由上所述，可知劉邦的豁達大度，不只是一種可欣賞的風姿，而且可以轉化為一種政治能力，甚至可以說，他的很多政治上的作為，都在詮釋他的豁達大度。

尤有進者，在劉邦豁達大度的性格的基礎上，他的很多政治細胞得到了更好的發揮。例如劉邦爭天下的意志力就是當時的群雄所無法比擬的，在項羽宰制天下時，膽敢與項羽爭天下的，就只有劉邦一人（其他如齊、趙等國雖與項羽交惡，但只想獨立稱王）。而劉邦的意志力就在他豁達的性格上，得到更好的發揮。因為豁達就是拿得起放得下，劉邦敢鬥強他無數倍，諸侯將見之「無不膝行而前，莫敢仰視」[17]的項羽，屢次大敗都咬緊牙根苦撐，堅持到最後勝利，是意志力的充分展現，這是拿得起。但劉邦並不暴虎馮河，在形勢不利時能忍一時之辱，如失掉關中後，能退到漢中等候機會；在滎陽、成皋前線屢次被圍，能深壁不出，避免在不利的情況下決戰，這是放得下。正是拿得起放得下的性格在背後支持著，使他能屈能伸。劉邦爭天下的頑強意志力，就在屈伸自如的行動中，達到最後的成功。

劉邦的機靈也是特出的，機靈就是不沾滯，這也是豁達的另一個面相，〈留侯世家〉謂：「良數以《太公兵法》說沛公，沛公善之，常用其策。良為他人言，皆不省。良曰：『沛公殆天授。』」[18]這裡，「天授」包括了特殊的機靈與領悟力。當鴻門宴前，項羽準備攻擊劉邦，項伯為救張良而馳赴沛公軍時，劉邦馬上抓住張良對項伯有恩的關係，兄事項伯，約為兒女親家，後來就靠著項伯的周旋，才有鴻門宴的喜劇收場。當劉邦在廣武被項羽伏弩射中，傷胸，他卻捫足曰：「虜中吾指」[19]，在重傷慌亂的片刻之間就想出了安頓

[17]《史記．項羽本紀》，頁三〇七。

[18]《史記．留侯世家》，頁二〇三六。

[19]《史記．高祖本紀》，頁三七六。

軍心的辦法，戲劇性十足。當他從成皋落荒而逃，渡河投靠韓信時，卻不直接夜見韓信，而是「馳宿脩武。自稱使者，晨馳入張耳、韓信壁，而奪之軍。」[20]用此一出乎尋常的機靈手段保障了自己的安全。否則以一落荒而逃的領袖，半夜投靠擁兵一方的大員，等於是把自己的生命與資源交給對方，難保不會挑起對方叛變的意圖。又當韓信降平齊，請為假王時，漢王大怒，罵曰：「吾困於此，旦暮望若來佐我，乃欲自立為王！」經張良、陳平躡足耳語後，漢王馬上領悟，而且演出一幕精彩好戲，順口又罵曰：「大丈夫定諸侯，即為真王耳，何以假為！」乃遣張良往立信為齊王[21]。這齣戲演得真是入情入理，完全符合劉邦的性格，因而穩住了韓信，讓他為最後的垓下會戰盡力。

劉邦的政治策略與戰略都異常突出，這使得他在戰場上與項羽對壘時，雖屢次受挫，卻能逐步扭轉形勢，形成對項羽的大包圍圈，使項羽勢力日蹙，在垓下取得決定性勝利之前，項羽的失敗已經註定了。

劉邦的政治策略最成功的地方是符合歷史由封建走向帝國，以及平民勢力興起的歷史潮流，他的政治策略爭取到平民與平民野心家的支持，相對於項羽迷戀於舊的封建秩序與貴族勢力，劉邦的政治措施是順應歷史潮流的。當然，劉邦的政治眼光也是在經驗教訓中

[20]《史記．高祖本紀》，頁三七四。
[21]《史記．淮陰侯列傳》，頁二六二一。

逐步成長的，在這層意義上，他的豁達性格正使他的政治頭腦更能與時推移，得到更好的發揮。

劉邦剛起義就注意到要爭取平民支持，所以懷王諸老將在討論派誰入關時，就認為劉邦是「寬大長者」，不會侵暴秦民。入秦後，聽樊噲、張良勸諫，封秦重寶財物府庫，還軍霸上。又與秦父老約法三章，除秦苛法，秦人大喜，爭持牛羊酒食勞軍，劉邦又予以謝絕，謂：「倉粟多，非乏，不欲費人。」這一連串措施，完全收買了秦地民心，「唯恐沛公不為秦王。」[22]後來秦地在楚漢相爭的過程中，成為劉邦可靠的根據地，秦地人力物力的補充，使劉邦能敗而復振。比較項羽坑殺秦降卒二十餘萬，卻立秦三降將為王，想藉以控制秦國，又收其貨寶婦女而東，這種眼中只有貴族階級的做法，更可看出劉邦對爭取平民支持的用心。

項羽入秦，掌天下權柄後，就大封諸王，這是對舊的封建秩序的迷戀，且對陳餘、彭越等平民野心家的願望未予滿足，引起無窮的後患。劉邦雖也爭取項羽所封諸王的歸順，且多予留用，但除一度因酈食其建議，想立六國之後，重行封建之外，他比較重視平民野心家的力量，他的班底豐沛出身的蕭、曹、絳、灌、樊等屬於此類，陳平、韓信、彭越等也屬於此類，平民野心家事實上是劉邦集團的核心幹部。而且劉邦的分封一直是階段性的，

[22] 《史記．高祖本紀》，頁三六二。

中央集權一直是他的目標，例如他擊滅三秦與河南王後，馬上置郡，收歸中央直接掌握；在楚漢相爭期間與帝國剛成立時，雖迫於形勢分封一些諸侯王，但馬上有計畫執行削藩工作。劉邦能掌握新興的平民野心家的力量，又順應由封建走向中央集權的歷史潮流，他的聲勢日漸凌駕項羽是必然的。

在政治手腕上，劉邦駕馭群豪的本領也值得一提。豐沛舊部固然對他死心塌地；而滎陽之敗，紀信代他而死，周苛堅拒項羽上將軍與萬戶侯的引誘，與樅公寧死不降[23]，可見能得士死力。駕馭韓信、英布的例子更見精彩，韓信屢戰屢勝，滅國無數，劉邦一直對他不放心，下代時，收其精兵；後又二度奪其兵權，但韓信卻不生離心，且拒絕蒯通情理通透的策反，他的理由是「漢王遇我甚厚，載我以其車，衣我以其衣，食我以其食。吾聞之，乘人之車者載人之患，衣人之衣者懷人之憂，食人之食者死人之事，吾豈可以鄉利倍義乎！」[24]韓信對漢王的感激即是漢王的「能捨」。這種感受與英布效命劉邦如出一轍，「淮南王至，上方踞牀洗，召布入見，布大怒，悔來，欲自殺。出就舍，帳御飲食從官如漢王居，布又大喜過望。」[25]這正是「載我以其車，衣我以其衣，食我以其食」的翻版，而衣

[23]《史記．項羽本紀》，頁三二六。
[24]《史記．淮陰侯列傳》，頁二六二四。
[25]《史記．黥布列傳》，卷九一，頁二六〇二。

食車馬當然不只是衣食車馬，而是地位的崇隆，權力的賜與，劉邦捨得用名位土地攏絡群豪，又表現得爽快乾脆，群豪自然歡迎領受，不疑有他了。此點王陵、高起已看得出來，當劉邦得天下後，置酒雒陽南宮，問群臣自己得天下之故，王陵等人的回答是：「陛下使人攻城略地，所降下者因以予之，與天下同利也。項羽妒賢嫉能，有功者害之，賢者疑之，戰勝而不予人功，得地而不予人利，此所以失天下也。」[26]高祖雖認為這段話是「知其一，未知其二」，但這可解釋為劉邦不願承認他與功臣是「以利合」的利益交換，其真實性不必懷疑。而「與天下同利」正代表劉邦能捨，而能捨又與他豁達的個性有關了。

三條戰線圍困項王的戰略部署——豁達、能捨與對韓信、彭越的攏絡

在楚漢相爭的過程中，劉邦集團的戰略部署相當高明，他同時開闢三個戰場，使百戰百勝的項羽疲於奔命，最後成為甕中之鱉，走向烏江自刎的窮途末路。

在東向爭天下前，劉邦先穩定了關中蜀漢，使成為堅牢不拔的大後方。漢二年，收復三秦，並取河南後，於東征的十萬火急軍情中，「繕治河上塞。諸故秦苑囿園池，皆令人得田之。」[27]這是保護根據地的重要措施，修整河上塞是為了備胡，開放秦苑囿園池，是增

---

[26] 《史記．高祖本紀》，頁三八一。

加糧食生產兼收攬民心。彭城敗後，劉邦長期在外征戰已不可避免，於是把關中委任給蕭何，並擴大他的權力，「為法令約束，立宗廟社稷宮室縣邑，輒奏上，可，許以從事；即不及奏上，輒以便宜施行，上來以聞。」「上以此專屬任何關中事。」[28]這是為了提高行政效率。但與此同時，又立劉盈為太子，「大赦罪人。令太子守櫟陽，諸侯子在關中者皆集櫟陽為衛。」[29]這是在大敗後人心浮動之際，立太子以安人心，遷諸侯子以為人質，並且再次宣告關中仍是劉家的，作為對擴大蕭何權力的一種制衡。

彭城敗後，劉邦親率漢軍主力在滎陽、成皋一線抵擋項羽的進攻，雖屢次被困，幾不得脫，但總算把項羽主力也吸引在這一戰線上，讓他分身乏術。另外由韓信帶領三萬部隊，在黃河以北開闢第二戰場，由於韓信卓越的軍事能力，這一路進展得出乎意料的順利，平魏、破代、下趙、降燕、滅齊，勢如破竹，於是滎陽、成皋前線戰事雖相持未決，但劉邦集團對項羽的大包圍圈已經形成，韓信已可由齊地直搗項羽的大後方，項羽全線崩潰的局面已經造成。

劉邦在項羽後方開闢的游擊戰場，對於減輕滎陽、成皋一線的壓力也發揮了很大作用。

---

[27]《史記．高祖本紀》，頁三六九。

[28]《史記．蕭相國世家》，卷五三，頁二〇一五。

[29]《史記．高祖本紀》，頁三七二。

這個游擊戰場主要由彭越負責，他能力很強，屢次攻下梁地，絕楚糧道，並吸引項羽屢次親自引兵攻擊，使項羽疲於奔命。楚之成皋失陷，敖倉落入漢軍之手，使楚軍面臨飢餓命運的，正是出於彭越吸引項羽還軍梁地而來的傑作。

可以這樣說，由於韓信與彭越這兩個戰場出色的表現，只要劉邦能守住滎陽、成皋一線，勝利就遲早會落入劉邦之手。果然，項羽終於被這三個戰線的壓力逼得支持不住，只好與漢議和東歸，註定了失敗的命運，「當此時，彭越將兵居梁地，往來苦楚兵，絕其糧食。……齊王信又進擊楚。項羽恐，乃與漢王約，中分天下，割鴻溝而西者為漢，鴻溝而東者為楚。……乃歸而別去。」[30]但此時項羽敗勢已無可挽回，接著是漢兵追擊，以及垓下的殲滅戰。

戰略部署的成功，讓百戰百勝的項羽疲於奔命，在劉邦撒下的包圍網中聲勢日蹙，當韓信與彭越這兩個戰場順利的拓展時，也就是劉邦收攏他的包圍網的時候，戰神項羽在生存空間日漸縮小之時，終於嚐到虎落平陽、龍困淺灘的滋味，任何局部的輝煌軍事勝利，都已挽不回大局了。

處劣勢的劉邦，竟然有餘力同時拉出三條戰線，這就不只是他的戰略部署高明，而是他能充分利用當時的形勢，利用平民野心家急於出頭的慾望。彭越的部隊本無所歸屬，漢

---

[30]《史記．高祖本紀》，頁三七七－八。

二年，劉邦率諸侯擊楚途中，越將其兵三萬餘人歸漢於外黃，劉邦馬上察覺他的企求，乃拜彭越為魏相國，賦予他梁地實際統治權，從此彭越在梁地單打獨鬥，為漢賣命，不須漢王一兵一卒，卻成為項王的心腹大患。至於韓信則以少數兵力在黃河以北獨當一面，不斷擴大戰果，且屢次以新收編的降卒挹注劉邦滎陽、成皋的戰局，而劉邦也刻意加以攏絡，封為齊王。這就表示劉邦「能捨」（雖然是階段性的），〈留侯世家〉有一段話把劉邦這種「能捨」的性格描述得非常生動，「至彭城，漢敗而還。至下邑，漢王下馬踞鞍而問曰：『吾欲捐關以東等棄之，誰可與共功者？』」[31]必要時，劉邦是毫不吝惜把關東土地完全「捐」出，裂土分封，滿足平民野心家慾望的。在垓下會戰前，信、越之兵不會，等待確定的封地，劉邦被項羽擊敗於固陵，張良建議劉邦與信、越共分天下，「使各自為戰，則楚易敗也。」[32]漢王馬上執行，造成垓下會戰的勝利。由「使各自為戰」，可見韓信、彭越這兩路一點也不須劉邦操心，劉邦所要做的，就只是如何攏絡他們，使他們完成劉邦滅項的目標。劉邦機靈的政治頭腦與能捨的性格，使這個工作順利達成了，而機靈與能捨似乎又與劉邦豁達的個性有關了。高明的戰略與高明的政略，往往是分不開的。

[31]《史記．留侯世家》，頁二〇三九。
[32]《史記．項羽本紀》，頁三三一－二。

豁達大度在日常生活上的表現——劉邦的自信與自知

劉邦的豁達也表現在很多生活層面上，這些豁達行為雖與成就帝業無關，卻讓我們更清楚看到他鮮明的性格。劉邦晚年寵愛戚夫人，想立其子趙王如意為太子，群臣力爭不得，後在張良獻計下，劉邦屢徵不出的商山四皓出現在太子身邊，使劉邦警覺，承認太子羽翼已成，勉強易太子將引起政局動盪，於是在一番內心交戰後，放棄情感的沉溺，斷然放棄易太子的念頭。「四人為壽已畢，趨去。上目送之，召戚夫人指示四人者曰：『我欲易之，彼四人輔之，羽翼已成，難動矣。呂后真而主矣。』戚夫人泣，上曰：『為我楚舞，吾為若楚歌。』……歌數闋，戚夫人噓唏流涕，上起去，罷酒。竟不易太子者。」[33]劉邦此時已可預見呂后對戚夫人母子的整肅。面對自己鍾愛的女人與幼子，卻無力保護，這種悲哀是很深沉的，故此時只有藉故鄉的楚歌楚舞排遣此一悲涼的心境。但劉邦畢竟能斷然割捨情感的沉溺，不一意孤行到底，這就顯出他的灑脫。

周昌是一憨直的人，「昌嘗燕時入奏事，高帝方擁戚姬，昌還走，高帝逐得，騎周昌項，問曰：『我何如主也？』昌仰曰：『陛下即桀紂之主也。』於是上笑之。」[34]帝王騎

---

[33]《史記．留侯世家》，頁二〇四七。

到臣子頹子上，臣子敢直言帝王是桀紂之主，帝王卻不加罪，且一笑以解嘲，劉邦夠豁達吧！

劉邦抱病出征黥布，為流矢所中，病甚，回長安後，呂后迎良醫，「醫入見，高祖問醫。醫曰：『病可治。』於是高祖嫚罵之曰：『吾以布衣提三尺劍取天下，此非天命乎？命乃在天，雖扁鵲何益！』遂不使治病，賜金五十斤罷之。」[35]生死大關是人類最難勘破的，尤其身為帝王，享盡人間繁華富貴，鮮有不貪戀紅塵的，所以歷代帝王不乏求仙煉丹，冀求長生不死者，劉邦竟能坦然面對人力的極限，灑脫的面對死亡，這種豁達是古今罕見的。

此外，劉邦能在蒯通的一席話下，赦免他鼓動韓信據齊自立的叛逆之罪；因滕公之言赦免為楚將時，常困辱自己的季布，拜為郎中；赦免為彭越祠而哭之的欒布，拜為都尉；甚至赦免想在趙地柏人謀刺他的趙相貫高。凡此俱可見劉邦的豁達大度。

對自己有信心的人，比較願意面對自己的優缺點，比較願意面對現實，也比較容易諒解別人，劉邦的豁達正是建立在他的自信與自知之上。

---

[34]《史記·張丞相列傳》，卷九六，頁二六七七。

[35]《史記·高祖本紀》，頁三九一。

劉邦性格中的一些陰暗面

誠然，劉邦雖然豁達，但絕談不上光明磊落或靈魂高尚，他有很多人性的陰暗卑鄙面，也因為如此，司馬遷對項羽才情風姿的傾倒遠超過對劉邦的欣賞，甚至不時對劉邦流露出厭惡之情。

劉邦在豐沛時就好酒好色，攻進咸陽後，見到秦宮的珍寶美女，就想住下來盡情享受，經樊噲、張良苦勸，才勉強克制慾望，還軍霸上。後趁項羽攻齊的機會，挾五諸侯兵攻入彭城，「收其貨寶婦人，日置酒高會」，想好好彌補一下在咸陽未享受到的酒色，忘了項羽主力並未消滅，喪失了警惕，落得全軍覆沒，自己亦險些被俘，這種貪好酒色的程度簡直像極了荒淫之君，也像極了無賴漢。太公本亦認為他是無賴，「高祖奉玉卮，起為太上皇壽，曰：『始大人常以為臣無賴，不能治產業，不如仲力。今某之業所就孰與仲多？』」[36] 劉邦對太公講了這段話，更顯出他無賴的嘴臉了。

劉邦很率直，但經常流於傲慢、侮辱人，此一傲慢讓一些重視個人人格尊嚴的屬下很受不了，魏豹為此叛變，貫高為此想謀刺劉邦，英布為此幾乎自殺。魏豹對劉邦過度傲慢

[36] 《史記．高祖本紀》，頁三八七。

無禮的反應是：「人生一世間，如白駒過隙耳。今漢王慢而侮人，罵詈諸侯群臣如罵奴耳，非有上下禮節也，吾不忍復見也。」[37]像魏豹這種出身於貴族世家的人，對於劉邦的傲慢，感受是較一般草莽英雄深刻的。魏豹的降而復反，若非韓信擅於用兵，立刻擊降，剛好就擋住了漢王出關的通路，後果是很嚴重的。

劉邦的狠毒猜忌，也令人印象深刻，他的狠甚至表現在對待親生兒女上，彭城大敗後，他落荒而逃，楚騎追之甚急，「漢王急，推墮孝惠、魯元車下，滕公常下收載之。如是者三。」[38]為了逃命，連續把親生骨肉推下車三次，以減輕負擔，其狠真是古今少有。

對子女如此，對能力特強的功臣更不用講了，劉邦的豁達是建立在自信上的，他對韓信、彭越、英布等卓越軍人就豁達不起來了，結果這些人一個個被屠戮，殃及全族，異姓諸侯王除了微不足道的長沙王留下當樣板外，一個個難逃被猜忌、屠殺的命運。由於他的猜忌，甚至逼反了童年好友燕王盧綰，而文臣如蕭何亦屢遭猜忌，張良則天下一統後就稱疾不出。劉邦對能力特強的功臣的猜忌屠戮是古今少有的，後來的另一平民皇帝朱元璋恰可與他先後輝映，而這是否代表平民皇帝因為不是出自神聖家族，對自己的政權穩固更沒有信心，更會認為群臣之中有許多人與自己一樣有窺伺神器的慾望呢？

[37] 《史記．魏豹彭越列傳》，卷九〇，頁二五九〇。

[38] 《史記．項羽本紀》，頁三二二。

結語

「鐫金石者難為功，摧枯朽者易為力」，劉邦雖有很多缺點，這些缺點甚至令人厭惡，但上天賜給他很好的機會，在秦末那個群雄逐鹿、王綱解紐的時代，劉邦的缺點恰好被掩蓋過去了，他的豁達大度的人格特質卻能與政治才華結合，使他能較好地捕捉機會，抓住時代脈動，加上幾分幸運，使得勝利之神終究站在他這一邊。設使劉邦生長在一個承平的時代，他的無賴本色將使他成為社會中毫不起眼的一個小角色，但當機會來臨時，他卻能勇敢迎上前去，把自己的特色發揮出來，這就是所謂的「真命天子」吧！

三種不同謀士的典型
——張良、陳平、范增

在秦末群雄蠭起的混亂局面中，張良、陳平與范增分別是楚、漢兩大集團中最重要的謀士，他們都聰明絕頂，能夠洞燭機先，並有迅速應付變局的能力，但由於三人性格不同，張良進退從容，陳平心機深沉，范增剛烈衝動，因此三人不但表現了不同的生命手采，他們的不同性格也影響到各人的成就，甚至決定他們的成敗。《韓非子・說難》謂：「非知之難也，處知則難也。」信哉是言！

從容灑脫與為難於易——張良在運籌帷幄與出處進退上表現的道家智慧

蘇軾在〈留侯論〉中認為，張良成功的關鍵在於能忍，劉項成敗的關鍵也在能忍與不能忍之間，而劉邦所以能忍以成大事，得力於張良的成全。此一說法雖未能很貼切地抓住張良的生命形態，但東坡強調圯上老人藉取履納履折子房少年剛銳之氣，使子房能忍小忿而就大謀，至少點明了張良在成為「王者師」之前一次極重要的性格改變：求力士，擊秦始皇博浪沙中的張良，仍是一個不脫游俠性格的剛烈少年；為圯上老人取履納履，並三候老人於橋上的張良，已是一個沉得住氣，懂得道家陰柔之術，能擔當智囊重任的成熟人物。藉著這則納履授書的傳奇性故事，我們確實看到了張良嶄露頭角之前一次重要的性格改變，看到道家性格漸漸在原本剛烈的張良身上浮現。

〈留侯世家〉記載張良的事蹟，每一件事都是娓娓道來，似乎平淡之至，似乎每件事張良都毫不費力就做好了，不像〈淮陰侯〉等傳高潮迭起，但其實張良的每一件重大策劃都左右了楚漢相爭的成敗，都是驚天動地的。這種在關鍵時刻，能憑幾句話左右天下大勢，輕鬆化解難題的方式，正是智囊人物的最高表現，也最符合「其安易持，其未兆易謀，其脆易泮，其微易散。」（《老子・六十四章》）的道家智慧，因此是更值得我們欣賞的。劉邦最能夠了解張良這種看似沒有驚天動地的功勞，卻主宰了楚漢相爭的命運的貢獻，所以他說：「運籌策帷帳之中，決勝於千里之外，吾不如子房。」

當劉邦西入武關，想攻擊秦嶢關下的守軍時，張良首先警告劉邦：「秦兵尚強，未可輕。」接著透過階級心理的分析，認為秦將是屠者子，賈豎易動以利，勸劉邦用重寶收買秦將，後秦將果叛，避免了攻堅作戰。隨後張良又勸劉邦趁秦軍鬆懈的機會，一舉加以殲滅，因此劉邦一軍得以順利進入咸陽，推翻秦王朝。由此看來，劉邦能順利入關，張良應居首功。鴻門之會，劉邦生死繫於一線間，也是賴張良從中協調，才化解危機。隨後項羽分封天下，又賴張良打點，透過項伯為劉邦請得漢中地，為日後出關併三秦打下基礎。當劉邦入漢中時，張良又勸他燒絕棧道，示無還心，並以齊王田榮反書示項羽，使項羽發兵擊齊，拖住項羽主力，使劉邦得以還定三秦，並趁虛攻入彭城。劉邦被困於滎陽，與酈食其計議復立六國後，想藉此增加友邦，削弱楚的力量，這是開歷史倒車的做法，是張良及時阻止了這件「陛下事去矣」的餿主意。韓信破齊欲自立為齊王，劉邦破口大罵，是張良躡其足，才使劉邦體會事態嚴重，避免韓信在被逼急下宣布獨立。垓下會戰前，諸侯不依約會師，劉邦失利，也是依張良之計才使諸侯如約，取得決定性勝利。劉邦定天下後，功臣爭功不決，人人不自安，也是依張良之計，先封與劉邦有過節的雍齒為侯，才使眾功臣穩定下來。建都關中是漢家幾百年的基業，群臣爭議不決，最後也是賴張良一席話，才使劉邦採納劉敬的主張，立刻西遷長安。其後，劉邦有易太子意，賴張良獻計，才使太子轉危為安；黥布叛變，亦從張良之議，高帝親征，才順利敉平亂事。由上述功績看來，張良確實具有運籌帷帳中，決勝千里外的能耐，表面上看來，他雖然沒有韓信等沙場宿將那種光芒四射的成就，但天下大勢卻完全在他的掌握之中，劉邦就在他的指點下，一步步走向勝利之路。

張良運籌帷幄的能力固然高人一等，尤其令人欽佩的是他對自己出處進退的安排，永遠是那麼睿智，又那麼淡泊從容。歷史上有很多謀士，諸如賈誼、晁錯之流，他們的智謀也是第一流的，但往往善於謀國，拙於謀身，結果總是以悲劇收場。像張良這種能夠讓君王言聽計從，發揮自己的才華，又能遊於羿之彀中，善始善終的，實在太少了。

更難得的是張良與劉邦的結識是一種偶然，但張良馬上在這個偶然的機會中，看出劉邦是值得共成大事的人，選定了自己一生的方向。當時陳涉起兵，張良聚少年百餘人欲從景駒，道遇劉邦，臨時改變主意投在劉邦麾下，由於劉邦常用其策，張良覺得「沛公殆天授」，於是決意留了下來，等到項羽殺了韓王成以後，更一心一意跟定了劉邦。就張良初遇劉邦時的情況來看，劉邦當時只是一個擁有幾千人部隊的小角色，而張良卻是五世相韓的世家貴公子，張良能在此時看出劉邦這個小角色有前途，實在具有非凡的眼光，他稱讚劉邦「殆天授」，其實張良的獨具慧眼也同樣是「殆天授」。

劉邦與張良固然君臣相得，言聽計從，但張良不僅看得出在什麼時機可以與劉邦共成大業，也看得出在什麼時機雙方很難繼續合作下去。天下一統後，張良便「導引不食穀，杜門不出歲餘」，儘量與政治保持某種程度的疏離關係；滅陳豨後，又勸高祖立蕭何為相國，「願棄人間事，欲從赤松子遊耳。」張良處處謙退，處處表示知足，而且他假託神仙之說以脫身又是表現得那麼自然，於是有能力的功臣雖一個個被殺、被辱，張良卻永遠受到尊重，善始善終。

張良進退如此從容，並不只是因為他有過人一等的智慧，更因為他的性格就是如此的灑脫，拿得起放得下。因此他平日為劉邦畫策時，不管劉邦如何焦慮窘迫，他仍能氣定神閒，從容獻計；至於有關個人的出處進退，往往是許多智者所勘不破的，張良於此卻更加從容，他對榮華富貴看得淡，對權力也不貪戀，所以功成之後能飄然引退，為後人留下神機妙算卻從容灑脫的美好形象，張良似乎深通道家的智慧。

從容灑脫的個性，使張良遇事冷靜從容，成為劉邦手下的首席智囊，也使他面對人生的出處進退時做了最好的安排。但有人不免會問：功成之後就飄然引退，然則半生的辛勞又有何意義？對於這個問題，張良的一段自述可以提供一些線索，他說：

家世相韓，及韓滅，不愛萬金之資，為韓報仇彊秦，天下振動。今以三寸舌，為帝者師，封萬戶，位列侯，此布衣之極，於良足矣。願棄人間事，欲從赤松子遊耳。

換言之，張良雖然飄然引退，但他為韓報仇的宿願已償，而且由於劉邦對他言聽計從，推翻暴秦與楚漢相爭這段偉大的時代已成為他發揮個人才華的最佳舞臺，他左右了這段偉大歷史的脈動，他的生命在為這件偉大事業的服務中得到了意義，也成就了個人最大的功業，人生至此，夫復何求！韋伯 (Max Weber, 1864–1920) 嘗言：「那種對人有影響力的感覺，插手在控制人的權力中的感覺，尤其是親手覺觸到歷史性重大事件之脈動的感覺，在在都使得志業政治家覺得自己擺脫了日常庸碌刻板的生活。」[1]這段話對我們了解政治人物的心理是很具啟發性的。

隨時俯仰而多陰謀奇計——陳平操弄政治遊戲的智謀

在劉邦陣營中，陳平是唯一可以與張良匹敵的謀士，他常出奇計，救國家之患，但過於逞才，而且功名心太盛，所以格局較小，進退從容遠不及子房。然而他聰明過人，足以逢凶化吉，終能渡過重重風浪，長保富貴，號稱賢相，畢竟是一位罕見的厲害角色。司馬遷論斷他一生行事，謂「非知謀，孰能當此者乎？」確是的論。不過，一個人智謀再高，若太過自負，處處強出頭，就猶如走鋼索者，隨時危機四伏，縱然藝高膽大，也會讓人時刻為他捏把冷汗，所以陳平能夠善始善終，終究有幾分幸運的成分在。

陳平一生多用奇計，當他亡楚歸漢，渡河時，船夫見其美丈夫獨行，疑其腰懷金玉寶器，欲殺之，平乃解衣，裸身佐船夫刺船，船夫知其一無所有，惡念乃消。歸漢後，更屢進奇計，諸如離間項王君臣，使范增求去，鍾離昧見疑，削弱楚的實力，一也。滎陽被圍，

[1] 見韋伯，〈政治作為一種志業〉，錢永祥編譯，《學術與政治·韋伯選集一》，頁二〇三，臺北：允晨，一九八五。

旦夕將下時，夜出女子二千人滎陽城東門，誘楚兵擊之，引開楚軍主力，使劉邦得以乘隙由城西門夜遁去，二也。躡漢王足，立韓信為齊王，避免逼反韓信，三也。勸劉邦偽遊雲夢，不動干戈而擒韓信，四也。透過單于閼氏，解平城之圍，五也。其後又從攻陳豨、黥布。「凡六出奇計，輒益邑，凡六益封。」凡此，俱可看出陳平超人一等的才華謀略。

然而，最能看出陳平處身險境，逢凶化吉的能力，以及他心機深沉，自恃聰明，又汲汲功名之性格者，當屬呂后、孝文之世。劉邦辭世，呂后初用事時，陳平本有一大危機，由於高帝臨終前，有人控訴當時正將兵聲討燕王盧綰的樊噲，高帝接受陳平之計，命周勃取代樊噲，並命陳平將噲就地正法，但樊噲正是呂后之妹呂嬃之夫，陳平此舉遂得罪了當時權勢最大的呂家。幸陳平認清時勢，並未執行高帝就地斬樊噲的詔令，將噲打入囚車，送回長安，聽候處置；而且當陳平在回京路上聽到劉邦去世的消息時，害怕呂嬃讒言得逞，立刻飛快馳回宮中，「哭甚哀，因奏事喪前」，表明對呂太后的效忠。接著，又固請得宿衛宮中，呂太后乃用他為郎中令，並要他傅教皇帝，由於陳平如此接近權力中心，因此呂嬃日後的讒言才沒有發生作用。陳平就以這種「火中取栗」的方式化解了自身的危機，並且保住了權位。

在呂太后時代，陳平極懂得虛與委蛇之道，孝惠帝即位二年即逝，呂太后產生不安全感，欲立諸呂為王，問右丞相王陵意見，陵曰不可；問左丞相陳平，平曰可。於是呂太后免王陵相位，徙平為右丞相，以最親幸的審食其為左丞相。此時，呂嬃為先前陳平為高帝謀執樊噲事，餘恨未消，屢次在呂太后面前進讒言，謂陳平為相，疏忽職守，日飲醇酒，戲婦女。陳平聞之，更是變本加厲，於是呂太后心中暗喜，當著呂嬃的面數落她：「鄙語曰『兒婦人口，不可用。』顧君與我何如耳，無畏呂嬃之讒也。」這等於是當著陳平仇人的面頒賜給陳平丹書鐵券，也等於是鼓勵陳平的做事方式。陳平確實抓住了呂太后的心理，她用陳平為右丞相，並不是真想重用他，而是想拿他當樣板，作為尊重元老重臣的表示，陳平居其位不謀其政，使相權全歸於審食其，正符合呂太后的心意，所以雙方當然合作愉快，呂太后也當然心花怒放。就陳平的立場而言，重用諸呂集團，當然嚴重威脅到元老重臣的地位，但這時呂家氣燄正盛，硬拼的結果必然吃虧，所以這時最好的方法是暫時附和，取得信任，等候最好的時機，給對方措手不及的致命一擊。

果然，機會終於來到，呂太后死後，在陳平的策劃下，功臣集團進行反撲，誅諸呂，立孝文帝，功臣集團再度成為朝廷的重心。由於周勃在誅諸呂與擁立孝文帝的過程中功勞最大，陳平自知無法抗爭，於是以退為進，先主動讓周勃坐上右丞相的寶座，陳平對孝文帝說：

> 高祖時，勃功不如臣平；及誅諸呂，臣功亦不如勃。願以右丞相讓勃。

這段話講得很巧妙，既表現自己的謙退，又保住開國元勳的身分，所以文帝雖然拔周勃為右丞相，遷平為左丞相，但另外給陳平補償，賜金千金，益封三千戶。陳平因為迎合文帝意旨，既保住了面子，也保住朝臣第二把交椅的地位。設非陳平見事快，主動退讓，恐怕不能有這麼好的結果。

周勃畢竟是個武夫，居相位不久就露出破綻：

孝文皇帝既益明習國家事，朝而問右丞相勃曰：「天下一歲決獄幾何？」勃謝曰：「不知。」問：「天下一歲錢穀出入幾何？」勃又謝：「不知。」汗出沾背，愧不能對。於是上亦問左丞相平，平曰：「有主者。」上曰：「主者謂誰？」平曰：「陛下即問決獄，責廷尉；問錢穀，責治粟內史。」上曰：「苟各有主者，而君所主者何事也？」平謝曰：「主臣。陛下不知其駑下，使待罪宰相，宰相者，上佐天子，理陰陽，順四時，下育萬物之宜，外鎮撫四夷諸侯，內親附百姓，使卿大夫各得任其職焉。」孝文帝乃稱：「善。」右丞相大慚，出而讓陳平曰：「君獨不素教我對！」陳平笑曰：「君居其位，不知其任邪？且陛下即問長安中盜賊數，君欲強對耶？」於是絳侯自知其能不如平遠矣。居頃之，絳侯謝病請免相，陳平專為一丞相。

這是一段很有名的對話，而這一切似乎又都在陳平的算計之中，他把周勃推到最高位，然後看他出醜，看他坐不穩右丞相的寶座，終於自行引退，由陳平獨享丞相的尊位，陳平以退為進的陰謀完全成功了。而且我們由陳平得意洋洋的奚落周勃，可以看出他的謙退是假的，他事實上極在乎權位，極愛逞才，極易沾沾自喜。

陳平就是這麼一個渾身都是智謀的人物，他喜歡玩火，卻不會惹火燒身；他膽敢走鋼索，卻未曾失足。司馬遷評他：「及呂后時，事多故矣，然平竟自脫，定宗廟，以榮名終，稱賢相，豈不善始善終哉！非知謀，孰能當此者乎？」對於陳平，史公是既佩服又不以為然的。的確，與張良比較，陳平的智謀雖毫不遜色，但從容灑脫的風範是遠遠不及的。陳平自謂：「我多陰謀，是道家之所禁，吾世即廢，亦已矣，終不能復起，以吾多陰禍也。」陳平真是夠聰明，聰明到能看清自己的缺點，這段話如果摒除迷信成分，作為人物評鑑的參考，也真是一語中的。

剛烈的「亞父」——范增與項羽的玉石俱焚

范增與張良、陳平在楚漢相爭中分屬不同的陣營，范是項羽的主要謀士，他的奇計可以媲美陳平，他所輔佐的項羽又是當時實力最強的霸王，但他最後卻徹底失敗了，這是值得我們檢討的。

項羽叔父項梁剛起兵時，聽從范增的建議，立楚懷王之孫心為王，仍號楚懷王，順應當時楚人懷舊的心理，又有類似「挾天子以令諸侯」的作用，因此勢力迅速擴張，由此可以看出范增過人的眼光。項羽在鉅鹿擊破秦軍主力，率領諸侯入關後，范增又由劉邦在入關前「貪於財貨，好美姬」，入關後卻「財物無所取，婦女無所幸」，判定「此其志不在小」，知道他是項羽未來最可怕的對手，要項羽立刻消滅劉邦，雖然計謀未成，卻也可以算是「孤明先發」了。後來在楚漢相爭的過程中，范增也是力主徹底消滅劉邦的主要人物，劉邦君臣對他最感頭痛，所以用陳平的反間計疏遠他們君臣，范增在暴怒下自請辭官歸卒伍，未至彭城，疽發背而死。

范增是徹底失敗了，但他的失敗不是肇因於智謀遜人一籌，而是肇因於他的個性，他太剛烈了，由於性格剛烈，造成他與項羽的隔閡，項羽與范增，一易怒，一易動氣，如何能和衷共濟，共圖大業？此所以二人後來有隙，讓陳平的反間計得以乘隙而入也。

其實，項羽對范增縱然不能言聽計從，但尊之為亞父，南征北討，不離左右，也算是項羽最器重的親信了。但范增往往不能揣摩項羽的心理，不能以迂迴的方式達到進言的目的，他一再順著自己剛烈的個性發展下去，項羽若不聽從他的計謀，就暴跳如雷，完全無法體會項羽的想法，以修正日後進言的技巧，鴻門之宴，劉邦遁走之後，他當著項羽的面，將劉邦留下的禮物——玉斗一雙，「置之地，拔劍撞而破之，曰：『唉！豎子不足與謀。奪項王天下者，必沛公也，吾屬今為之虜矣。』」雖然就范增的立場而言，劉邦已是甕中之鱉，如今煮熟的鴨子飛了，憤怒沮喪之情難免，但范增卻不能了解項羽不殺劉邦，是不殘害當時仍屬友軍的盟友，這是項羽淳厚善良、光明磊落的一面；而且以項羽的自信，以劉邦當時微薄的實力，項羽對范增所言「奪項王天下者，必沛公也，吾屬今為之虜矣」的話，恐怕會覺得莫名其妙吧！當謀士必須要有耐心，這回計謀不用，應重新調整，等待下一次的機會，暴跳如雷，於事何補？何況當時項羽軍力還處於絕對優勢的地位，大局並未到達不可挽回的地步。

由於個性剛烈，范增乃不能忍受項王對他些微的不敬，漢用陳平反間之計，項王疑范增與漢有私，稍奪之權，范增就大為憤怒，曰：「天下事大定矣，君王自為之，願賜骸骨歸卒伍。」負氣而走，如此正好掉進陳平設計的圈套，讓漢方拔去了眼中釘，他與項羽則是兩敗俱傷。其實這時楚正急圍漢王於滎陽，旦暮且下，局面對楚十分有利，范增大可忍一時之氣，成就千秋大業，不必這時就宣布放棄，憤怒地說出「天下事大定矣」的氣話。不過，或許范增深切了解項王對他倚賴的程度，所以項王對他既有不敬之心，就來個玉石俱焚，以為報復。

蘇東坡有一篇很有名的文章，叫做〈范增論〉，認為范增應該在項羽殺卿子冠軍時就離開項羽，因為東坡認為立懷王是出於范增的建議，項羽殺卿子冠軍是殺義帝的先兆，也是疑增之本，范增此時力能殺項羽就該殺他，不能就該離開他，不能留下來自取其辱。東坡這種見解雖然很有影響力，但基本上是專制政體鞏固後，將國君的地位絕對化、神聖化後的觀念；亦即在君臣地位固不可變，人臣必須絕對服從的歷史背景下的看法。而且這種見解與當時的局勢不相應，因為項家與楚懷王發生衝突，是因為懷王不願意當虛君，想從項家手中奪權，想接收項家起義的果實，從道德的觀點看，懷王與項羽的鬥爭是很難判定是非的，因為這分明是一場懷王挑起的權力鬥爭，將罪過完全歸給項羽是不公平的，認為范增應在項羽殺卿子冠軍時就離開他，不但不了解當時局勢，也是一種很嚴苛的道德審判。

不過，范增以一七十餘高齡的老翁，卻個性剛烈，魯莽衝動，顯然是他最大的缺陷。他不懂陰柔之術，沉不住氣，雖然智謀超人，但鬥爭不過張良、陳平是必然的。

結語

由上所述，張良、陳平、范增分別代表了三種不同謀士的典型，他們的性格也決定了各自的成敗，若要在三人之間區分優劣，我覺得張良最了不起，因為他氣度最大，不沾滯，可進可退，人格最明朗潔淨，無半絲陰影，有道家灑脫一面的智慧；陳平次之，他有道家陰沉的一面，他沾滯於功名，但懂陰柔之術，智謀超眾，所以能玩火而不自焚；范增是個失敗者，個性太剛烈，剛強易折，他的個性其實不適合在複雜的政治圈中生存。

當然，三位謀士所表現的不同性格並不盡是個人的因素使然，這些表現也恰好反映了他們不同的出身。張良五世相韓，是個大貴族，他與劉邦初期的關係又是一種客卿的身分（他是韓王成的人），所以他可合可離，行事較少羈絆，表現也自然較為灑脫。范增是項羽的「亞父」，等於是項梁留下來的「顧命大臣」，所以他對項羽進言就較切直，不假修飾；而且他與楚國的關係等於是同命一體，所以當項羽不能接受他的計謀時，他就會氣憤難過，他對項羽似乎有一種「恨鐵不成鋼」的心理。至於陳平，出身寒微，以一個外人，要擠入政治權力核心，不免要多用心機，多使陰謀之術，而且寒微之士好不容易才爬到高位，自然不會像張良一樣輕易引退，他必須不斷鬥爭下去，以保住自己的高位，所以他在進退從容上就遠不及子房了。

由三位謀士的表現，我們也可了解，謀士要推銷他們的理念，要在險惡的政治環境中發展，是相當艱辛的，張良以不世出的才華，只能與政治保持若即若離的關係，避免捲入權力鬥爭的漩渦，時時裝病，處處退讓，並且還要依附神仙之說以脫身，但政治人物像他這麼淡泊，這麼灑脫，有幾人能夠！陳平雖沾滯功名，好逞才，但他心思綿密，善於揣摩統治者心理，又懂陰柔之術，所以得以善始善終，但政治人物像他這種能夠玩火不自焚的，又有幾人能夠！范增則是善於謀國、拙於謀身的悲劇人物，由於他拙於謀身，最後連他謀國的孤忠也不被採信，終於悲憤而終。由此看來，傳統文人多悲怨之辭，絕不是偶然的。史稱魏徵善諫，但太宗卻認為魏徵十分「嫵媚」，其中消息可以思過半矣。透過三位謀士的一生，正為我們揭露了傳統讀書人可悲的一面，也揭露他們所處的險惡的社會關係。

遂令後世登壇者，每一尋思怕立功

——韓信、彭越、黥布的悲劇

漢王之得天下，一個重要因素是他能與天下同利，尤其是與擁兵自重的功臣及原來的割據勢力妥協，裂土封王。他先後分封了趙王張耳、韓王信、齊王韓信（後徙為楚王）、梁王彭越、淮南王黥布、燕王臧荼（後改封盧綰）、長沙王吳芮等異姓諸侯王，但在天下一統後，劉邦逐一把這些異姓諸侯王翦除，只留下一國小勢弱的長沙王作為樣板。

在這些異姓諸侯王中，以韓信、彭越、黥布最具代表性；他們的功勞最大，能力最強，但下場也最慘。他們的悲劇，正反映了專制政體中，帝王與功臣的典型矛盾，此一矛盾不但見之於漢初，也見之於爾後二千多年的中國歷史，只是有的矛盾用比較文明的方式解決，如趙匡胤的杯酒釋兵權；但更多的是血腥的屠殺或篡奪。只要專制政體存在，此一帝王與有能力的功臣間的猜忌就不可能消失，這種矛盾有必然性，不牽涉臣子的忠誠、恭順等問題，這種矛盾是結構性的。

勇略震主者身危——韓信裂土封王的舊世界觀與劉邦的衝突

韓信的軍事天才是古今少見的，他在楚漢戰爭中建立的功勳也是罕與倫比的，連劉邦也不得不承認「連百萬之軍，戰必勝，攻必取，吾不如韓信。」[1]韓信的悲劇在於他的能力超強，與漢帝國中央集權的目標潛存著嚴重的衝突，但由於他生長在戰國諸侯割據的時代，懷抱舊的世界秩序的觀念，自以為功多，裂土封王理所當然，所以在政治鬥爭上失於天真，對劉邦的猜忌不具戒心，終於在雲夢中了劉邦的誘捕之計，廢為淮陰侯。韓信既在與劉邦的鬥爭中喪失先機，被奪爵收地，此後已是步步受制於人，所以日後是否真與陳豨同謀反叛，方才遭到夷族之禍，已不是問題的關鍵，關鍵在於他與劉邦是勢不兩立的，在被極端猜忌的情況下，任何風吹草動都會發酵，被誇大為謀反的行動。事實上蒯通早已點出他的處境：

> 臣聞勇略震主者身危，而功蓋天下者不賞。臣請言大王功略：足下涉西河，虜魏王，禽夏說，引兵下井陘，誅成安君，徇趙，脅燕，定齊，南摧楚人之兵二十萬，東殺

[1]《史記．高祖本紀》，卷八，頁三八一。《新校本史記三家注并附編二種》，臺北：鼎文，一九八五。

龍且，西鄉以報，此所謂功無二於天下，而略不世出者也。今足下戴震主之威，挾不賞之功，歸楚，楚人不信；歸漢，漢人震恐：足下欲持是安歸乎？夫勢在人臣之位而有震主之威，名高天下，竊為足下危之。[2]

韓信的該死正在於他反而「自以為功多，漢終不奪我齊」，不知功多正是取禍之源，在蒯通勸反不成，知道大禍即將臨頭，「詳狂為巫」以避禍時，仍對劉邦死心塌地，不知早自為計，等到他被劉邦誘捕後，感歎「狡兔死，走狗烹；高鳥盡，良弓藏；敵國破，謀臣亡」，已經時不我予了。

韓信對劉邦陣營的貢獻，真的稱得上蒯通所說的「功無二於天下，而略不世出」，劉邦的天下幾乎都是韓信打下來的，從取三秦到平定黃河流域的魏、韓、趙、代、燕、齊，都是韓信的功勞，並且經常以新收編的部隊，增援劉邦滎陽、成皋一線的戰局，最後並親自指揮垓下對項羽的包圍、殲滅戰。在垓下會戰前，項羽在戰略形勢上雖已陷入重重包圍，但由於韓信、彭越未與漢王會師，劉邦還在固陵吃了一個大敗仗，他對韓信倚仗之深可以想見。

由於劉邦只交給韓信一支偏師，讓他另闢戰場以孤項羽之勢，更使韓信表現他卓越的

[2]《史記．淮陰侯列傳》，卷九二，頁二六二五。

將才，他未嘗攻堅，與敵人血戰，因為那需要優勢的兵力，他活用兵法，出敵不意，攻敵不備，每場大會戰都在他的精心部署下使對手望風披靡，毫無招架之力，韓信就一再地以弱勢的兵力揮灑他用兵如神的將才。破魏時，他因魏王「盛兵蒲坂，塞臨晉」，就將計就計，設疑兵，佯裝欲渡臨晉，卻伏兵從夏陽以木罌缻渡軍，襲安邑，魏王匆促迎戰，大敗被俘。破趙時，是以不到三萬的部隊千里遠征，補給困難，韓信為求一舉撲滅敵軍主力，於是布下一違反兵法的「背水陣」，惹得趙軍大笑，韓信卻因此使弱勢的漢軍作殊死戰而不可敗，並使趙軍空壁逐利，韓信則以奇兵二千馳入趙壁易漢赤幟，終使趙軍心潰散，遁走而不能禁，遂斬成安君，擒趙王。事後諸將對以背水陣致勝仍感不解，韓信的解釋是：

> 此在兵法，顧諸君不察耳。兵法不曰「陷之死地而後生，置之亡地而後存」？且信非得素拊循士大夫也，此所謂「驅市人而戰之」，其勢非置之死地，使人人自為戰；今予之生地，皆走，寧尚可得而用之乎？[3]

由於韓信指揮的並不是一支訓練有素的部隊，而是下魏破代後新收編，且經劉邦抽其精兵的部隊[4]，所以韓信比喻為「驅市人而戰之」，這種部隊非出奇不足以致勝，但韓信違背兵

[3] 《史記．淮陰侯列傳》，頁二六一七。

法「右倍山陵，前左水澤」的布陣原則，布下背水陣，則是他用兵之奇已超出兵法規範，進入化境的揮灑自如了。「陷之死地而後生，置之亡地而後存」，絕不是一則可以奉行不渝的兵法，而是超乎教條之上的戰爭藝術，也只有韓信這樣的將才才可能把死地轉為活局。三國蜀漢的馬謖，就因機械地運用此一則兵法而全師潰敗，喪失戰略要地街亭，使諸葛亮第一次北伐落得倉皇撤軍的下場。

垓下會戰是韓信指揮的最後一場大戰，韓信面對的是起事以後一直未吃過敗仗，「所當者破，所擊者服」的項羽，〈高祖本紀〉記載垓下會戰：「淮陰侯將三十萬自當之，孔將軍居左，費將軍居右，皇帝在後，絳侯、柴將軍在皇帝後。項羽之卒可十萬。淮陰先合，不利，卻。孔將軍、費將軍縱，楚兵不利，淮陰侯復乘之，大敗垓下。」[5]這是韓信針對項羽擅於攻堅作戰的特點所布下的埋伏殲滅戰略，他在正面部署三層重兵，以防被項羽突破而一敗塗地，並且親自出動，吸引項羽主力，示弱退卻再包圍夾擊項羽，而韓信在示弱退卻時能立即穩住陣腳，不使項羽攻堅得逞，導致兵敗如山倒，因而能形成甕中捉鱉的三面夾擊形勢，是會戰成敗的關鍵，這就有賴於韓信卓越的指揮能力了[6]。

---

[4]《史記．淮陰侯列傳》云：「信之下魏破代，漢輒使人收其精兵，詣滎陽以距楚。」（頁二六一四）

[5]《史記．高祖本紀》，頁三七八—九。

[6] 對垓下會戰的分析，可參看徐復觀，《兩漢思想史》，卷三，頁四八八—九，臺北：學生，一九七九。

對於韓信神奇的將才，明代的茅坤比之為「兵仙」頗為傳神，他在《史記鈔》中說：「予覽觀古兵家流，當以韓信為最，破魏以木罌，破趙以立漢赤幟，破齊以囊沙，彼皆從天而下，而未嘗與敵人血戰者。予故曰：古今來，太史公，文仙也；李白，詩仙也；屈原，辭賦仙也；劉阮，酒仙也；而韓信，兵仙也。」信哉是言！

韓信不只精於用兵，更有縱觀全局的政治與戰略眼光，當劉邦因蕭何之薦，於漢中築壇拜將後，韓信就應劉邦之問提出了決定劉邦出路的大計畫，他認為當時聲威蓋世，人見人怕的項羽有可敗之道，因為項羽不能任屬賢將，是匹夫之勇；吝於封賞有功，是婦人之仁；不都關中，又背義帝之約，王其所親愛，諸侯不平；所過無不殘滅，天下多怨，百姓不親附。所以他對項羽的總評斷是：「名雖為霸，實失天下心。故曰其強易弱。」他認為只要劉邦反其道而行，就可取勝項羽。而且指出三秦王出賣秦子弟，不得秦地民心，秦民懷念劉邦入關後的秋毫無害，除秦苛法，與秦民約法三章，建議劉邦取三秦作為根據地[7]。

韓信的一席話，讓被項羽貶到漢中而心情鬱卒的劉邦看到了前途的曙光，「於是漢王大喜，自以為得信晚。」這段話點出了秦地民心的向背，也點出了爭天下時爭取民心與攏絡英雄豪傑的重要性；更具體指出東出三秦，據關中以爭鋒天下的戰略方針。這些分析後來成為劉邦爭鋒天下的總原則，而且後來的事實一一驗證了韓信的分析，其洞燭世局的眼光

[7] 《史記．淮陰侯列傳》，頁二六一二。

實不下於膾炙人口的〈隆中對〉。

由此看來，韓信不只用兵如神，且有縱觀全局的政治與戰略眼光，他文武兼資，對劉邦爭天下的貢獻事實上還超過蕭何、張良等人，遑論曹參、絳、灌等戰將了。司馬遷在本傳贊中，謂韓信於漢家勳本可比周、召、太公之徒，遠超過對劉邦其他功臣的評價，證明史公對韓信的貢獻，抱持著極端稱頌的態度。

正因為如此，劉邦對韓信極端猜忌，猶如芒刺在背，此即韓信貶為淮陰侯後的感覺——「漢王畏惡其能」。在韓信轉戰北中國的過程中，劉邦一再收其精兵，甚至奪其兵權。「信之下魏破代，漢輒使人收其精兵，詣滎陽以距楚。」[8]平定趙、燕後，劉邦「晨自稱漢使，馳入趙壁。……即其臥內上奪其印符，以麾召諸將，易置之。」「漢王奪兩人軍，即令張耳備守趙地，拜韓信為相國，收趙兵未發者擊齊。」[9]「項羽已破，高祖襲奪齊王軍。」[10]除了奪軍之外，劉邦又把韓信由齊王徙為楚王，這是畏惡韓信「驅市人而戰之」的能力，把他由人口稠密、富甲一方的齊地，徙到人煙稀少的楚地，避免韓信萬一反叛，能立即集結龐大的部隊。

---

[8]《史記．淮陰侯列傳》，頁二六一四。

[9]《史記．淮陰侯列傳》，頁二六一九。

[10]《史記．淮陰侯列傳》，頁二六二六。

在這種猜忌與矛盾下，韓信是不可能久安於楚王之位的，所以「信初之國，行縣邑，陳兵出入」就成為謀反的證據，於是劉邦在陳平獻計下，偽遊雲夢，待韓信入謁時，加以襲捕，就勢所必至了。然而，此時殺信難以服眾，甚至會激起異姓諸侯王的不安而生變，所以故示寬大，「至雒陽，赦信罪，以為淮陰侯。」[11]至於後來因與陳豨同謀反叛，被誘斬於長樂鍾室，夷其三族，自司馬遷已懷疑謀反之事，前人為韓信辯誣者亦眾，本文不再重複。但由劉邦從征陳豨的前線回來，「見信死，且喜且憐之。」且追問「信死亦何言」[12]的反應來看，劉邦是很清楚自己對不起韓信，認為韓信一定死得不甘心，但韓信之死卻讓他消除了最大的壓力，故有「且喜且憐」的心理表現。退一步說，縱使韓信真的與陳豨同謀反叛，也是處在朝廷猜忌下，朝不保夕情況中的孤注一擲，仍是君臣矛盾的結構逼成的，不是韓信精心籌劃的夙願。

劉邦對韓信的猜忌表現，反映的不只是劉邦這個人對功臣的不安，更重要的是它反映了帝王與功臣間猜忌、矛盾的結構性衝突。

韓信的行事、作風自有很多可議之處，諸如平趙後，請立張耳為趙王，作為自己稱王的張本，旋於平齊後，自請立為假王；並於劉項最後會戰前，期約不至，等待加封從陳以

[11]《史記·淮陰侯列傳》，頁二六二七。

[12]《史記·淮陰侯列傳》，頁二六二九。

東傳海的楚地，使劉邦在固陵遭遇慘敗，這是與劉邦討價還價，忠誠度不夠。而他在酈食其說降齊國後，為據齊地，背信襲齊，是私心作祟，破壞劉邦計畫，並使酈生被烹，這也是不服節制，存心割據。司馬光對這些行為的評價頗具代表性，他說：

> 臣以為高祖用詐謀擒信於陳，言負則有之；雖然，信亦有以取之也。始，漢與楚相距滎陽，信滅齊，不還報而自王；其後漢追楚至固陵，與信期共攻楚而不至；當是之時，高祖固有取信之心矣，顧力不能耳。及天下已定，酬功而報德者，士君子之心也。信以市井之志利其身，而以士君子之心望於人，不亦難哉！[13]

此外，韓信相當心高氣傲，不會隱藏自己對劉邦集團的不滿，被貶為淮陰侯後，常稱病不朝從，「信由此日夜怨望，居常鞅鞅，羞與絳、灌等列。信嘗過樊將軍噲，噲跪拜送迎，言稱臣，曰：『大王乃肯臨臣！』信出門，笑曰：『生乃與噲等為伍！』」這種瞧不起同僚的態度，只會讓他更孤立。他甚至敢當面發洩對劉邦的怨氣，「上常從容與信言諸將能不，各有差。上問曰：『如我能將幾何？』信曰：『陛下不過能將十萬。』上曰：『於君何如？』曰：『臣多多而益善耳！』」[14]這是當面刺傷劉邦的自尊心，而且加深劉邦的畏

[13] 司馬光，《資治通鑑．漢紀四》，〈高帝十一年〉。

惡，等到劉邦反擊：「多多益善，何為為我禽？」他才驚覺失言，謂：「陛下不能將兵，而善將將，此乃信之所以為陛下禽也。且陛下所謂天授，非人力也。」這話雖是實情，但由韓信口中講出，卻帶有嘲諷之意。

然而，韓信的行事、作風雖有可議之處，但當時距戰國群雄並立的時代不遠，功臣裂土封王，對朝廷形同獨立的觀念尚深植人心，我們不能完全以日後中央集權鞏固，尊君卑臣觀念牢不可破的道德論斷韓信。何況縱使恭順如梁王彭越，舊交如燕王盧綰，親婿如趙王張敖，都無法與劉邦和平共存，善始善終，可見韓信的悲劇，有超出個人因素的結構性矛盾存在。

劉邦與韓信的基本矛盾，是漢帝國的發展走向中央集權式的統一，強幹弱枝成為必然的趨勢，如此一來，所有的地方割據勢力都會成為朝廷的眼中釘，成為被掃除的對象，所以漢初分封的八個異姓諸侯王，只留下一個無足輕重的長沙王，其餘全遭翦除。此一中央與地方的矛盾，更不僅限於對異姓諸侯王，同姓諸侯王雖取代異姓而立，但經文、景等朝，也難逃被猜忌、被翦除的命運。由此看來，此一中央與地方王國的矛盾、衝突有結構上的必然性，而在漢初的異姓諸侯王中，韓信的封地最大，實力最強，又最擅於指揮大兵團作戰，他會成為劉邦的頭號敵人，成為第一個被翦除的對象，就勢所必至了。

---

⑭《史記．淮陰侯列傳》，頁二六二八。

當然，劉邦與韓信間雖有難以化解的矛盾存在，但劉邦處置的方式過於毒辣也是實情，所以後來有很多人對韓信被屠殺表現了無比的同情，司馬遷在〈淮陰侯列傳〉中就一再留下線索，為韓信謀反一事翻案，而表明韓信之冤正足以見劉邦之寡恩狠辣。唐代詩人劉禹錫的〈韓信廟〉就深刻寫出此一統治者猜忌功臣良將的傷痛——

將略兵機命世雄，蒼黃鐘室歎良功。遂令後世登壇者，每一尋思怕立功。

韓信的悲哀正在於他無法看出自己與劉邦之間不可化解的矛盾。他聰明蓋世，用兵如神，但由於懷抱舊時代裂土封王的世界觀，認為建號稱孤，理所當然，對劉邦一再削奪兵權，甚至徙王改封都不在意。加以雖懷抱裂土封王的雄心，但另方面仍擺脫不了小市民捨不得放棄到手富貴的性格，所以武涉與蒯通雖說之萬端，勸他非據齊自立不足以圖存，他雖心動，卻不敢賭也不願賭，「又自以為功多，漢終不奪我齊，遂謝蒯通。」所以劉邦先以齊王之位攏絡他，等到部署已定，驟然翻臉，韓信已是措手不及了。

為韓信計，據齊自立是唯一的生路，因他與劉邦是勢不兩立的。然而若為生民計，韓信自立將延長統一的時間，讓塗炭的百姓無法休息，則又另當別論了。

游擊天才的梁王夢——彭越的至死不悟

彭越與黥布的下場，更可進一步說明劉邦與異姓諸侯王的衝突是結構性的，是必然的。彭越在亡秦運動中，在鉅野附近活動，由於未隨項羽入關，沒有得到封賞，後來劉邦劫五諸侯擊楚，彭越將其兵三萬餘人歸漢於外黃，劉邦也刻意對彭越加以攏絡，拜越為魏相國，命他略定梁地，賦予梁地的實際指揮權。

在楚漢相持滎陽、成皋期間，彭越單獨指揮一支部隊在梁地打游擊，屢次絕楚糧道，使項羽飽受缺糧之苦，並以在梁地奪得的十餘萬斛穀，接濟漢王，而我們應知道，楚漢相爭勝負關鍵之一便是糧食的爭奪，可見彭越對劉邦陣營做出的貢獻。由於彭越一直在項羽的腹地活動，對項羽構成莫大的困擾，項羽想徹底解決這個問題，於是離開成皋前線，親自回師對付彭越。項羽雖取得勝利，收復梁地十七城，但劉邦受到的壓力頓時化解，並趁項羽不在，攻下成皋，占領大糧倉敖倉，從此項羽的雄師開始面對飢餓，雙方的優劣情勢逆轉，彭越對劉邦的勝利做出了難以估量的貢獻。

彭越與韓信一樣，具有裂土封王的舊世界觀，因此當漢王召他赴滎陽前線擊楚時，他不願離開自己的地盤，推託說：「魏地初定，尚畏楚，未可去。」在楚漢最後會戰時，他也擁兵觀望，直到得到梁王的封號，以及睢陽以北至穀城的封地，才發兵會垓下破楚[15]。

彭越封為梁王，裂土封王的野心得到了滿足，所以他對劉邦表現得異常恭順，「六年，朝陳。九年，十年，皆來朝長安。」[16]但他既具有非凡的軍事指揮能力，割據天下中樞的梁地，他的梁王封號又是要挾劉邦得來的，劉邦對他必然是感覺芒刺在背，欲除之而後快，他表現得再恭順，劉邦也是坐不安席的，這是結構上的矛盾。

果然，漢十年，劉邦自將擊陳豨，徵兵梁王，梁王稱病，只遣一將率兵赴邯鄲，於是被劉邦抓到把柄，遣使責備。彭越恐懼，想自往謝罪，但其將扈輒認為往將為漢所擒，建議發兵反，扈輒的想法是有根據的，因為這正是韓信被擒的模式。彭越不想造反，仍繼續稱病，然而此一逃避現實的方式是逃不開劉邦整肅的刀鋒的，於是在謀反的指控下，被漢使襲捕。有司窺知劉邦的意圖，「治反形已具，請論如法。」由於罪證牽強，劉邦再一次表現他的「寬大」，赦以為庶人，流放到蜀地青衣。

接下去的發展頗具戲劇性，也更可看出帝王對功臣宿將的猜忌：

> 西至鄭，逢呂后從長安來，欲之雒陽，道見彭王。彭王為呂后泣涕，自言無罪，願

---

[15]《史記．魏豹彭越列傳》，卷九〇，頁二五九三。

[16]《史記．魏豹彭越列傳》，頁二五九四。

處故昌邑。呂后許諾，與俱東至雒陽。呂后白上曰：「彭王壯士，今徙之蜀，此自遺患，不如遂誅之。……」於是呂后乃令其舍人告彭越復謀反。廷尉王恬開奏請族之。上乃可，遂夷越宗族，國除。[17]

由此可見彭越是自覺無辜的，而且至死不悟，不曉得自己被誣以謀反的最大原因，在於他威脅到劉邦政權集權的目標，所謂「壯士」正是指他具有雲蒸龍變、顛覆中央的能力。他找呂后關說，更是自投羅網，結果硬是被加上再度謀反的罪名，夷滅宗族，骨肉被菹為醢，遍賜諸侯，下場極為悲慘。

兔死狐悲與「欲為帝耳」——黥布不甘束手就擒下的反叛

劉邦手下最有能力的諸侯王，首推韓信，其次是彭越與黥布，三位同功一體，韓信、彭越既先後慘遭劉邦毒手，黥布與劉邦的矛盾勢必隨之爆發。

黥布本屬項羽，是一員衝鋒陷陣的虎將，項羽救趙之戰，他擔當最艱鉅的先鋒角色，「楚兵常勝，功冠諸侯。諸侯兵皆以服屬楚者，以布數以少敗眾也。」[18]後來項羽坑殺秦

[17]《史記．魏豹彭越列傳》，頁二五九四。

降卒二十餘萬人，以及破關入秦，黥布都扮演首要角色，並執行項羽擊殺義帝的密令，是項羽最重用的一員戰將，所以項羽分封天下時，就立布為九江王。

但黥布得到九江封地後，就忙著照顧自己的地盤與實力，不再為項羽賣命。項羽擊齊，徵兵九江，他稱病不往，遣將將數千人前去敷衍一番；漢敗楚彭城，又稱病不佐楚，坐觀成敗，於是他與項羽之間產生鉅大的矛盾。劉邦趁此遣隋何說降之，使叛楚歸漢。黥布對劉邦集團最大的貢獻，在於此時劉邦新敗於彭城，擔心項羽追擊，黥布起兵攻楚，項羽使項聲、龍且攻淮南，相持數月，遲滯了項羽攻漢的行動，使劉邦得以從容撤退，重新部署，度過最危險的時刻。後來在垓下會戰前，黥布入九江，誘大司馬周殷叛楚，舉九江兵參與垓下的會戰。項羽死，布遂剖符為淮南王。

黥布對劉邦表現得非常恭順，漢七年，朝陳。八年，朝雒陽。九年，朝長安。但韓信、彭越這些有能力的諸侯王一一遭屠戮，黥布雖是一介武夫，也不禁起了兔死狐悲之感。「十一年，高后誅淮陰侯，布因心恐。夏，漢誅梁王彭越，醢之，盛其醢徧賜諸侯。至淮南，淮南王方獵，見醢，因大恐，陰令人部聚兵，候伺旁郡警急。」[19]這裡對黥布心理狀態的描寫非常生動，黥布由「因心恐」而「因大恐」，是意識到劉邦的屠刀已逐漸向他逼近，今

[18]《史記．黥布列傳》，卷九一，頁二五九八。

[19]《史記．黥布列傳》，頁二六〇三。

日彭越的肉醬就是明日自己的下場，他與劉邦已不可能和平共存，反叛是唯一的出路了。這是他與劉邦的必然矛盾，至於矛盾何時引爆，只是遲早的問題了。事實上，黥布反叛的不可避免，當時的一位故楚令尹薛公已看得很清楚，夏侯嬰問薛公：「上裂地而王之，疏爵而貴之，南面而立萬乘之主，其反何也？」薛公回答：「往年殺彭越，前年殺韓信，此三人者，同功一體之人也。自疑禍及身，故反耳。」[20]可見黥布反叛是帝王與功臣互相猜忌下的必然結果，賁赫上變，逼使黥布立即舉兵，只能算是導火線。縱使無此一事件，在雙方猜忌日深的情況下，任何風吹草動都會導致兵戎相見，因為有韓信、彭越的例子在先，黥布已不可能再信任劉邦，任他擺布。黥布最後雖也難逃韓、彭的下場，但至少放手一搏，逼得年邁的劉邦御駕親征，且身中流矢，回長安不久即亡故，總算差勝於束手就擒。當劉邦與布軍對陣，帝遙謂布曰：「何苦而反？」黥布的回答是：「欲為帝耳。」[21]在劉邦的猜忌下，裂土封王既不能有任何保障，只好鋌而走險，也來搶皇帝的寶座了。

[20]《史記．黥布列傳》，頁二六〇四。
[21]《史記．黥布列傳》，頁二六〇六。

帝王與功臣間的結構性矛盾——劉邦的清醒與韓、彭、黥的一廂情願

韓信、彭越、黥布三個漢初最具實力、最能幹的諸侯王一個個倒下了，具體反映了帝王與開國功臣的矛盾。此一矛盾的激化並不是諸侯王的主觀意願或忠誠度所決定，而是帝王與功臣間互相對立的形勢所決定，所以他們之間的猜忌具有結構上的必然性。加以漢初正是中國歷史由地方封建走向中央集權的過渡時代，中央與諸侯王對自己地位的認知不同，中央一意收束權力，韓、彭等人卻依然沉浸在舊秩序的美夢中，認為裂土封王理所當然，雙方的關係遂不能不以劇烈衝突的方式告終。

在此一矛盾的形勢中，劉邦是很清楚自己在幹什麼的，所以他能有計畫的逐一收拾諸侯王，掌握主動的地位；韓、彭等人卻未意識到雙方在形勢上不可能和平共存，等到遭到襲捕，已經喪失先機，束手無策了。縱使像黥布倉促舉起反叛的大旗，也已無法改變被翦除的命運。

當然，本文從形勢上說明劉邦與異姓諸侯王的矛盾，並不是替他屠殺功臣的行徑脫罪。因為雙方的矛盾雖是結構性的，但劉邦的手段卻太過殘酷，被屠戮的諸侯王皆夷三族，死前先具五刑，彭越還被製成肉醬，遍賜諸侯。為劉邦立下汗馬功勞，打下江山的功臣落得

如此下場，真是慘絕人寰。

然而，由於有能力的功臣永遠會受到猜忌，是形勢使然，因此帝王與功臣間的鬥爭也就史不絕書，而且不但帝王會屠殺功臣，權臣也會先下手為強，歷史就充滿了雙方鬥爭的腥風血雨。一直到晚近，毛澤東與林彪、蔣介石與孫立人，還不就是此一古老的矛盾的翻版。

褒貶紛紜的漢家儒宗

——叔孫通

投機分子的形象

叔孫通是劉邦統一天下後，為漢帝國創設典章制度的重要人物，由於他不固守原則，善於改變自己適應各種時機，以推銷自己的理念，所以能將儒學引進以武人為主的朝廷，並成為漢初儒家的龍頭。但也因為如此，不喜歡他的人就認為他是投機分子、機會主義者，為了自己的利益犧牲儒家的理想，是專制帝王的幫凶，簡直對他痛恨到了極點。而且因為國人對歷史人物做判斷時，喜歡採取道德判斷的方式，所以這類的評價一直占著優勢，因此在當時已有人稱他為「諛」[1]，後代更有很多人對他不諒解，尤其帶有理學家性格的更是如此。清人姚祖恩對他的評斷或可作為這類意見的代表，姚氏謂：

[1] 詳後引文。

叔孫通，古之鄉愿也。忠信廉潔，時復似之，而壞人心術，亂敗經常，固已不淺。漢世以此子為儒宗，治之雜霸，不亦宜乎！王莽鼓其穿窬之才，盜竊神器，而舉世恬然，不以為恥。凡以希世之餘風，中乎隱微深痼之間，而胚胎日壞也。[2]

這種評斷，不但極力塗黑叔孫通的形象，甚至把風俗淪喪、國家衰亡的責任都推到他的頭上了，而這正是傳統從道德角度解釋歷史興衰的典型觀點。但這種觀點很容易遮蔽我們對歷史真相的了解，因為叔孫通實在是個很複雜的人物，複雜到連司馬遷也感到茫然，不知是褒他好，還是貶他好，因此只好感慨萬千地留下他的實錄，也留給我們可以對叔孫通做正反兩面評價的材料。

「諛」乎？通達權變乎？

在對叔孫通個性的掌握上，本傳一開始就藉著兩個小故事，把他的個性呈現出來。傳中記載：

[2] 姚祖恩，《史記菁華錄》，卷四，頁一六五，臺北：聯經，一九七七。

叔孫通者薛人也，秦時以文學徵，待詔博士數歲。陳勝起山東，使者以聞，二世召博士諸儒生問曰：「楚戍卒攻蘄入陳，於公如何？」博士諸生三十餘人前曰：「人臣無將，將即反，罪死無赦，願陛下急發兵擊之。」二世怒，作色。叔孫通前曰：「諸生言皆非也。夫天下合為一家，毀郡縣城，鑠其兵，示天下不復用，且明主在其上，法令具於下，使人人奉職，四方輻輳，安敢有反者。此特群盜鼠竊狗盜耳，何足置之齒牙間。郡守尉今捕論，何足憂？」二世喜曰：「善。」盡問諸生，諸生或言反，或言盜，於是二世令御史案諸生言反者下吏，非所宜言。諸言盜者皆罷之。乃賜叔孫通帛二十匹，衣一襲，拜為博士。叔孫通已出宮反舍，諸生曰：「先生何言之諛也！」通曰：「公不知也，我幾不脫於虎口。」乃亡去之薛。

又載：

叔孫通儒服，漢王憎之。乃變其服，服短衣，楚製，漢王喜。

對叔孫通這種見風轉舵的作風，很多人極不諒解，認為他毫無原則，出賣良心，只知投機、逢迎，以謀取個人最大的利益。尤其在《史記》中，叔孫通與劉敬合傳，而劉敬是一個耿直、不改本色的人[3]，在劉敬的對比下，叔孫通「諛」的個性就顯得更為突出。但認為叔孫通諛、逢迎、見風轉舵皆無不可，就是不能以此認定他是一個毫無原則、出賣良心的人。因為叔孫通這些表現，從另一個角度看，也可以說他腦筋轉得快，事情看得透，知道進退。他雖然可以犧牲小節，但並不表示毫無原則，他也可能只是「犧牲未到最後關頭，絕不輕言犧牲」的人。而事實上，叔孫通在秦二世面前的「諛」，並不是為了貪得祿位，他對諸生所說的「公不知也，我幾不脫於虎口」，正表示他已看透在非理性的秦二世御座前明講陳勝造反，除了無謂犧牲外，並沒有任何意義；而在「溺儒冠」的劉邦面前，如果堅持穿儒者服飾，也只顯得自己不識時務罷了。叔孫通絕不甘心於做這種死守原則，不知通達權變的人物。

「起朝儀」的功過

叔孫通一生最大的事業，是為漢王朝建立朝儀，並藉著起朝儀的機會，將儒術與大批

[3] 本傳記載：「漢五年，戍隴西，過洛陽，高帝在焉。婁敬脫輓輅，衣其羊裘，見齊人虞將軍曰：『臣願見上言便事。』虞將軍欲與之鮮衣，婁敬曰：『臣衣帛，衣帛見；衣褐，衣褐見。終不敢易衣。』」（卷九九，頁二七一五）

儒生引進朝廷，而這件事不論對漢代或對整個中國歷史，都產生極大的影響。

我們知道，劉邦基本上是一個缺乏文化素養，對儒者極端輕視的武夫，所以儒者要在劉邦的陣營中生存極為困難。這一點叔孫通看得很清楚，所以他剛降漢時，並不急於推薦自己的儒生弟子，而推薦一些不務正業的好漢給劉邦，這種作為甚至引起諸弟子的不滿，但叔孫通對此卻有自己的一套看法，他說：「漢王方蒙矢石爭天下，諸生寧能鬥乎？故先言斬將搴旗之士，諸生且待我，我不忘矣。」後來機會終於來了，漢五年，劉邦平定海內，就皇帝位，先由叔孫通草擬簡單的儀號。「高帝悉去秦苛儀，法為簡易，群臣飲酒爭功，醉或妄呼，拔劍擊柱，高帝患之。」這種目中無人的囂張氣燄，看在劉邦眼裡，頗不是滋味，於是叔孫通馬上抓住這個機會，推銷自己。本傳記載：

叔孫通知上益厭之也。說上曰：「夫儒者難與進取，可與守成。臣願徵魯諸生，與臣弟子，共起朝儀。」高帝曰：「得無難乎？」叔孫通曰：「五帝異樂，三王不同禮。禮者，因時世人情為之節文者也。故夏、殷、周之禮，所因損益可知也，謂不相復也。臣願頗採古禮，與秦儀雜就之。」上曰：「可試為之，令易知，度吾所能行為之。」於是叔孫通使徵魯諸生三十餘人。

此處可以看出叔孫通靈活的手腕，以及掌握機會的能力。首先，他能充分掌握劉邦的心理，在劉邦唯我獨尊的渴望快達到不能忍受的程度時，才趁機引進手下那批不能上馬殺敵的儒生，這時劉邦才有可能接受這批「可與守成」的儒者，也才能體會「起朝儀」的需要，叔孫通真不愧是一位心理戰高手。其次，他也了解劉邦簡易、疏略、不喜繁文縟節的個性，因而根據「五帝異樂，三王不同禮。禮者，因時世人情為之節文者也。」這個大道理，擬出一套劉邦能適應的朝儀，道理既講得冠冕堂皇，所訂出的朝儀又符合朝廷需要，在此我們不能不佩服叔孫通善於掌握機會的能力。

我們且看看叔孫通所定的朝儀的威風場面：

漢七年，長樂宮成，諸侯群臣皆朝。十月儀：先平明，謁者治禮，引以次入殿門，廷中陳車騎步卒衛宮，設兵張旗幟。傳言「趨」，殿下郎中夾陛，陛數百人。功臣列侯諸將軍軍吏，以次陳西方，東向；文官丞相以下陳東方，西向。大行設九賓，臚傳。於是皇帝輦出房，百官執職傳警，引諸侯王以下至吏六百石，以次奉賀。自諸侯王以下，莫不振恐肅敬。至禮畢，復置法酒，諸侍坐殿上，皆伏抑首，以尊卑次起上壽。觴九行，謁者言「罷酒」。御史執法，舉不如儀者，輒引去。竟朝置酒，無敢讙譁失禮者。於是高皇帝曰：「吾乃今日知為皇帝之貴也。」

這套朝儀基本上是以秦儀為主，是尊君卑臣的朝儀，它把皇帝的權威極端化，滿足劉邦潛意識中的自大狂，比起先前「群臣飲酒爭功，醉或妄呼，拔劍擊柱」的情景，皇帝的權威感無疑得到了極端的滿足，所以劉邦樂得迸出那句「吾乃今日知為皇帝之貴也」的名言，司馬遷在此對叔孫通是有極深刻的嘲諷的。但叔孫通既立了大功，證明儒者的功用，就趕緊趁機為他的弟子謀求官職，「叔孫通因進曰：『諸弟子儒生，隨臣久矣，與臣共為儀，願陛下官之。』高帝悉以為郎。」於是儒生正式進入漢王朝的朝廷。

「經」與「權」的衝突

由於叔孫通擬就的這套朝儀體現了尊君卑臣的精神，為專制帝王塑造了無上的權威，所以後人頗有以「逢君之惡」的罪名加給叔孫通，甚至把他當作歷史罪人的。這類見解可以徐復觀的說法為代表，他說：

由人君地位與人臣的懸絕，不僅更加深了人君地位與人民的懸絕，且也加強了官吏地位與人民的懸絕。這是政治發展方向的一大關鍵。當劉邦「法為簡易」，引起群臣拔劍擊柱的時候，假使叔孫通能取古禮之意，定君臣在等差中而仍可互通情意之儀，以舉君臣一體之實，劉邦也未必不可以接受，因為他此時對此一問題，還是一張白紙。④

又說：

由叔孫通所訂的朝儀，在使皇權專制，取得了更明確的形式；使皇權對臣民的壓迫，在此形式下取得「非禮之禮」的地位，因而成為此後無法改易的死結，這在中國政治史中是頭一件大事。⑤

徐氏之說甚有見地，他對叔孫通的批評也使人無從辯解，但這種批評卻容易使人忽略叔孫通的複雜性。因為我們固然可以說叔孫通逢迎專制帝王，與統治者妥協，把儒家最壞的一面表現出來，把皇帝的權威極端化、制度化，而且此一神聖化專制帝王的作為在中國歷史上遺毒甚大。但從另一個角度看，叔孫通不如此做，儒者哪有希望進入棄儒生如敝屣的朝廷，有了叔孫通開路，再經過繼起儒者的努力，儒學終於成為漢代的「國教」，尤其到了東

④ 徐復觀，〈論史記〉，《兩漢思想史》，卷三，頁四一四，臺北：學生，一九七九。

⑤ 同上，頁四一五。

漢，儒生更大量進入朝廷，與天子共治天下。雖說專制帝王也利用了儒家，原始儒家的精神已遭扭曲，但黑暗的中國傳統政治中所表現的某些合理成分，卻不能不歸功於這群儒者的參與。所以叔孫通在儒學將絕之際，以這種方式替儒者在朝廷中爭得地位，將儒者引進政治權力的核心，雖然產生了很多後遺症，但其功勞仍不應一筆抹殺。其次，把皇帝的權威極端化雖然遺毒甚大，但在叔孫通心裡，或許覺得經過大亂之後，上下之間的秩序、倫理蕩然無存，若不建立統治者的權威，培養效忠心理，就無法重建社會的秩序。這種想法雖然卑微、可笑，但其中也牽涉到見識問題，並不完全是人格問題。而且想想二千年之後的今天，要建立在西方已行之數百年，且成效卓著的民主體制都這麼困難，我們還有臉苛責專制時代的叔孫通嗎？司馬遷很能了解這些情況，所以他對叔孫通的感情是極其複雜的，當他藉著叔孫通弟子之口說出「叔孫生誠聖人也，知當世之要務」時，當真是感慨萬千，已分不清是嘲諷，還是讚歎了。

在叔孫通起朝儀的過程中，還有一段插曲。當時他到魯國找三十幾位儒生幫忙，但其中有兩位卻當面給叔孫通難堪，他們之間有一段值得留意的對話：

> 魯有兩生不肯行，曰：「公所事者且十主，皆面諛以得親貴。今天下初定，死者未葬，傷者未起，又欲起禮樂。禮樂所由起，積德百年而後可興也。吾不忍為公所為。

公所為不合古，吾不行。公往矣，無汙我！」叔孫通笑曰：「若真鄙儒也，不知時變。」

這裡牽涉到理想與現實衝突的問題，儒生是理想的護衛者，站在他們的立場，叔孫通不過想替朝廷做文化美容工作，當朝廷的文化打手，哪有資格談禮樂？而站在叔孫通的立場，則認為禮樂哪裡是一成不變的，你們這些死守教條的人絕對會被時代淘汰，是頑固不通的死硬派。

這兩種人都有值得欣賞之處，但也有各自的危機，儒生不屈不撓，執著自己的理想，固然可敬，但易與時代脫節；叔孫通能權宜通變，設法以各種曲折的方式達到自己的目標，但易流於腐敗。而這兩種人的作為也令我們想起「經」與「權」如何調和的問題，過分執著「經」固然會陷於頑固，過分從「權」更會喪失一切理想，這兩者之間的分寸如何把握，如何讓他們互相補足，是值得深思的。

叔孫通鯁直、帶理想性的一面

設若叔孫通完全沒有鯁直的一面，完全沒有理想，那麼縱然他再能「知當世之要務」，再能「與時變化」，也不過是一個投機的政客，一個心術不正的諂媚小人，但叔孫通卻也表現出鯁直、忠於自己理念的一面，這更增加叔孫通的複雜性。當劉邦為討好寵姬戚夫人，想以趙王如意易太子，且局面已接近不可挽回時，獨有叔孫通能反覆直諫，並且敢講出「陛下必欲廢嫡而立少，臣願先伏誅，以頸血汙地」這種連劉邦聽了都要畏懼三分而迴避的話，這就是他鯁直的一面。可見他在該爭的時候，也會毫不含糊地據理力爭，並不是一味和稀泥的。而這種鯁直的表現是基於他對自己抱持的理念的忠誠，當他真心相信「太子，天下本；本一搖，天下振動」這種儒家的封建道德時，就會勇敢地以死力爭到底。

他兩度被任命為太常，「定宗廟儀法，及稍定漢諸儀法，皆叔孫生為太常所論著也。」就一個儒家人物而言，這是「禮」的落實，是他的理想逐步在實現了。此外，他又趁孝惠帝作複道的過舉，勸孝惠帝「益廣多宗廟，大孝之本也。」並趁孝惠帝春天出遊離宮的機會，勸他恢復「春嚐果」——春時以果獻宗廟——的古禮。總之，他想做的事，都儘量利用各種時機去達成了。而且站在儒家的立場上，這些在今日被視為微不足道的小事，卻已經等於他們理想的實現了。

由此可見叔孫通除了具有鯁直的一面外，對於政治問題也有一套基於儒家立場而來的理念，並且努力去實行這套理念（姑不論他是「大儒」還是「俗儒」），而這就是他具有理想性的地方[6]。因此，他的「進退與時變化」並不能簡單地以投機、逢迎視之，因為他並不是完全沒有原則，完全沒有理想性，他的「與時變化」事實上是有原則、有一定目標的與時變化。總之，叔孫通實在是一位需要多方考量的人物。

歷史人物的複雜性與道德判斷的侷限

由上可知，評價一個歷史人物，尤其是評價像叔孫通這種具有多面性，且影響複雜深遠的人物是相當困難的。我們千萬不能簡單地以道德性的評價加在複雜的歷史人物身上。司馬遷就頗能體會這種複雜性，他對叔孫通有嘲諷、有肯定，他寫出叔孫通的投機、逢迎，也寫出叔孫通的識時、通變。當他在贊語中說「大直若詘，道固委蛇，蓋謂是乎」時，一定充滿感慨，他一方面了解達成「道」的方式有千萬種，死守一種方式往往行不通，也了解「道」雖是直的，但達成「道」的途徑卻是曲折的，絕對不是「全有或全無」(All or Nothing) 的選擇。但另方面也不免要感歎所謂的「大直若詘，道固委蛇」竟是如此模樣的「詘」與「委蛇」。這就如他藉著叔孫通弟子之口說出「叔孫生誠聖人也，知當世之要務」

6 雖然這套理念在現代看來，有些地方實在很糟糕，例如「益廣多宗廟」是神化統治者的措施，而「益廣多宗廟」的部分原因係出自他「人主無過舉」的理念，這種理念代表極端尊君的立場，認為神聖如上帝的天子是絕對完美的，這是「死不認錯」的心態的產物。

時，一方面讚歎叔孫通能通達權變，達成自己的目標，另一方面也感歎所謂的「知當世之要務」難道只能是叔孫通這個樣子。司馬遷算是一個正直的人，一個不合體制要求的現實世界的失敗者，所以當他面對叔孫通這種人物，並且對他下判斷時，必然會是千頭萬緒一齊湧上心頭的。而兩千年前的司馬遷既已為我們留下這位複雜的歷史人物的實錄，兩千年後的我們就更不應以簡單的道德判斷抹殺這位歷史人物性格的複雜性與影響的多面性了。

體制外的豪傑
——天才將領李廣

在《史記．李將軍列傳》中，司馬遷成功地塑造了天才將領李廣才氣無雙，卻一輩子抑鬱坎坷的悲劇形象，令後人為之傾倒，為之慨歎，更為之不平。但李將軍的抑鬱坎坷與一般人的懷才不遇卻不盡相同，他年少即嶄露頭角，得到文帝賞識，惋惜「子不遇時，如令子當高帝時，萬戶侯豈足道哉！」他當上谷太守時，日與匈奴交鋒，典屬國公孫昆邪為他在皇帝面前哭訴，深恐他遭到不測；而他死時，「一軍皆哭，百姓聞之，知與不知，無老壯，皆為垂涕。」也算死得驚天動地，備極哀榮。可見天下皆知有廣，他活得一點也不寂寞，絕對不必像失意文人一般淪於孤芳自賞。那麼，究竟是什麼因素造成李廣的悲劇，果真是「古來才命兩相妨」嗎？

才氣無雙，膽識絕倫

李廣的才氣無雙是不容置疑的，而且他的才氣絕不僅限於衝鋒陷陣，斬將搴旗。當他

以百騎追逐匈奴射雕者而遭遇匈奴數千騎時，部下一心只想逃跑，他卻一眼看出「吾去大軍數十里，今如此以百騎走，匈奴追射我，立盡。」而胡騎「上山陣」是心存狐疑，誤認廣軍為誘騎，所以反而命令部隊前進，下馬解鞍，加強胡騎的狐疑心理，又奔前射殺出來護兵的匈奴白馬將，以勇敢的挑戰者姿態逼使對方不敢輕率攻擊。到了半夜，終使胡騎懼怕漢兵埋伏，引兵遁去，使漢軍得以全師而退。李廣這種遭遇緊急狀況時所表現出的膽識、謀略，實非常人所能及，他絕對不是一個老粗。

「數奇」嗎？

然而，李廣無雙的才氣卻不曾為他帶來輝煌的事業，最後並且因為帶軍迷失道，不願接受刀筆吏的侮辱而引刀自剄，結束傳奇性的一生。李廣才氣無雙卻以悲劇收場，除了可歸咎於朝廷用將多由內寵所造成的偏頗，以及衛青的壓抑外，難道他真如武帝所說的「數奇」——八字不好、是倒楣鬼；或者如望氣的王朔所說的「禍莫大於殺已降」——是他詐殺了歸降的羌兵。這些當然都不成理由。最令人慨歎的，是李廣的最大悲劇，原因竟出在他的才氣無雙：因為他懷著無雙的才氣，不是任何常規常矩所能束縛，遂逸出政治活動的常軌，更逸出現實生活的常軌，於是遂與所處的時代、所處的環境，顯得格格不入。他是體制外的豪傑——既超乎當時的官僚體制，更超乎現實生活的常規。於是，當他表現為才氣無雙的豪傑時，他抑鬱坎坷的遭遇也就註定了。

武痴——是軍人，還是浪漫的藝術家？

廣呐口少言，與人居，則畫地為軍陣，射闊狹以飲，專以射為戲，竟死。其射，見敵急，非在數十步之內，度不中，不發，發即應弦而倒。用此，其將兵數困辱，其射猛獸亦為所傷云。

由此二段文字看來，李廣的生命中似乎只有戰鬥。戰術演練與射箭是他的嗜好，也是他的娛樂，他是一個十足的「武痴」。而且他作戰的目的似乎不止在求勝，而是要求勝得完美——一種對完美的自我的追求。所以他對射箭的要求是講究箭無虛發，縱使敵人（或猛獸）迫近，情勢危急，也要堅守此一原則。而我們須知，堅守此一原則在戰場上是要吃大虧的。因為堅持讓敵人進入數十步的近距離再發射，或許自己早已為對方的流箭所傷，或許對方已爭取到有利地形而置己方於死命了，所以本來可以避免的很多折辱都因李廣堅持此一完美的原則而發生了，故「其將兵數困辱，其射猛獸亦為所傷云。」由此看來，在李廣的心目中，戰場只是他表現自我的場所，而戰爭已成為藝術。他自負，他藝高人膽大，他是一個完美主義者，但他的性格其實是更適合當一個浪漫的藝術家，而不是當一個軍人。所以李廣縱然擁有軍人的一切才華，卻無法讓自己成為一個戰無不勝的將軍，他是現實世界之外的人物，在講求實利的戰場上，他是不合乎「用」的。

生錯時代的軍事天才

李廣這種自負、浪漫的性格，落到複雜的政治圈中，更表現出直爽、剛直的一面，因而動輒得咎。吳、楚造反，他隨周亞夫出征，出生入死，在昌邑大顯神威，卻冒冒失失地接受梁王的將軍印，因而回朝後沒有得到應得的封賞，喪失取得高官厚祿的大好機會，白忙了一場。接受梁王的將軍印並不違法，但這牽涉到朝廷與諸侯國間的猜忌，像李廣這種直爽無曲的人哪裡懂得其中的奧妙，於是他就莫名其妙被犧牲了。他與大將軍衛青結怨，也是出於這種能伸不能屈的個性。衛青將李廣由前將軍徙歸右將軍，想獨占捕獲單于的功勞，李廣怒形於色，不辭而去，正種下後來衛青嚴厲逼問李廣失道罪狀的禍根，但李廣一生中唯一與單于對敵的機會被破壞後，以他的性格而言，必然是嚥不下這口氣的，因而他的悲劇也就必然會發生了。同樣的個性也表現在他對霸陵尉的態度上，由於他受不了失官時霸陵尉「今將軍尚不得夜行，何乃故也」的勢利與傲慢，當復召為右北平太守時，就奏請霸陵尉隨行，「至軍而斬之。」這種公報私仇的行為，對他的人格而言，無論如何是個汙點，但我們也不必從道德上定其是非，因為這正是他直爽、剛直個性的表現，他這種人是受不了任何委屈的，「不膚撓，不目逃，思以一毫挫於人，若撻之於市朝。不受於褐寬博，亦不受於萬乘之君，視刺萬乘之君若刺褐夫。無嚴諸侯，惡聲至，必反之。」李廣正是北宮黝這一類型的人物。

一個才氣無雙的豪傑，一個爽直的軍人，本來就已不適合在複雜的政治圈中生存，尤其是官僚制度已經成型、穩定後，時代已經完全屬於循規蹈矩、按部就班的官僚，所以李蔡、程不識、萬石君父子等庸庸碌碌之徒，繼踵成為官場上的主要角色，因為只有他們能小心翼翼，昭事「大人」，只有他們能應付繁瑣的制度，而才氣縱橫如李廣者流，則被困於重重的俗網中，已不再能展翅高飛了。匈奴單于相當敬重李廣，常想生得之以為己用，或許李廣真的生錯地方，他若生長在匈奴那種不講求繁文縟節，完全以生命才情相互競爭的簡易環境中，或許更能展現他的才氣吧！而李廣很不幸卻生長在不需要天才的時代，不需要天才的國度。

永遠的李將軍

然而，李廣的性格雖然使他的一生以悲劇收場，但由於他有才氣、有豪情，由於他表現出超乎現實生活常規與僵化的官僚體制的生命熱力，所以他的生命充滿了創意，令人目眩心搖，為之神往，對於沾滯於小知小利的現代人而言，在李將軍的生命丰采照亮下，人世間的種種卑微、瑣細，或可暫時拋卻，擺脫俗世的種種壓抑。請看李廣治軍：「無部伍行陣，就善水草屯舍止，人人自便，不擊刁斗以自衛，莫府省約文書籍事……然匈奴畏李廣之略，士卒亦多樂從李廣。」由此看來，這種部隊已成為具有浪漫精神的天才將領李將軍的化身了，在最須講究紀律的軍隊中，表現出這種浪漫的丰采，怎不令人神往！在世界盃足球賽中，巴西隊最不在乎成規成矩，不斤斤計較隊型的嚴整，所以踢球最富韻律感，最具創意，然而憑著最高超的足球藝術，卻經常打不進決賽，真可算是「李廣型」的球隊。但這支富創意而常輸球的黃衫軍卻仍吸引最多球迷的矚目，可見打破常規常矩的行動永遠是最能震撼人心的。而且，李廣此一不與常規常矩妥協的精神一直堅持到死，當衛青逼他到幕府對簿時，他卻不願復對刀筆吏而引刀自剄，他是寧可像流星般隕落，絕不拖泥帶水，更不願屈服於刀筆吏的淫威而忍辱苟活的，因此負氣地選擇這種死法，保住了自己的尊嚴，完成有光有熱的完美生命形象，讓後人永遠懷念。

李將軍的事業雖然失敗了，但他所呈現的生命丰采，他那衝破一切體制的豪傑形象，卻仍贏得無數後人的喝采，可惜像李將軍這種體制外的豪傑，在漢代已屬鳳毛麟角，在沒有英雄、沒有天才的現代社會，更只能到武俠小說中去尋覓了。

虛矯的豪傑與怙勢凌人的權臣

——魏其、武安兩外戚

情節發展與性格一致的史傳典範

〈魏其武安侯列傳〉是內容相當豐富的一篇史傳，也是一篇可以當作具體而微的好小說來欣賞的史傳，它的主線是敘述魏其侯竇嬰與武安侯田蚡這兩個外戚間的傾軋，其中有雙方如何得勢、如何結釁（Complication）、衝突如何達於高潮（Crisis），以及衝突如何終結（Solution 或 Denouement）的描寫，程序非常清楚。而且其中幾個主要的場景，諸如田蚡訪竇嬰、灌夫使酒罵座、武帝廷辯等，都寫得有聲有色，令人歎為觀止。更難能可貴的，是全篇情節的發展，與竇嬰、田蚡、灌夫等幾個主要人物的性格配合得相當一致，這幾個人物的性格（尤其是灌夫）帶動了情節的發展，而情節的發展又回過頭來進一步深化了人物的性格，這種情節發展與人物性格相一致的表現，使這篇史傳顯得更合理，更具真實感，也使讀者更易被打動、被吸引進入傳中的世界。除此之外，由於該傳生動地反映了以後宮為庇護的政治鬥爭，不但讓我們看到了統治階層內部的矛盾，看到了統治階層間權力傾軋的齷齪，更讓我們清楚看到了外戚在中國政治上所形成的陰影。

自視甚高而虛矯的竇嬰

魏其侯竇嬰是竇太后（孝文后）的堂侄，他雖然有不少缺點，但人格大抵值得肯定，本傳首先以下面一段文字呈現他的性格：

梁孝王者，孝景帝弟也，其母竇太后愛之。梁孝王朝，因昆弟燕飲，是時上未立太子，酒酣，從容言曰：「千秋之後傳梁王。」太后驩。竇嬰引卮酒進上，曰：「天下者，高祖天下，父子相傳，此漢之約也，上何以得擅傳梁王！」太后由此憎竇嬰。竇嬰亦薄其官，因病免。太后除竇嬰門籍，不得入朝請。孝景三年，吳楚反，上察宗室諸竇毋如竇嬰賢，乃召嬰。嬰入見，固辭謝病不足任。太后亦慙。於是上曰：「天下方有急，王孫寧可以讓邪？」乃拜嬰為大將軍，賜金千斤。嬰乃言袁盎、欒布諸名將賢士在家者進之。所賜金，陳之廊廡下，軍吏過，輒令財取為用，金無入家者。

這裡可以看出竇嬰耿直、自負，而又負氣的一面。孝景帝「千秋之後傳梁王」的話，可能只是為了討太后的歡心，未必是真心話；而竇嬰以太后外家的身分，縱然梁王得了天下，對自己也是有百益而無一害，但他居然直斥景帝失言，潑了太后冷水，破壞這位老太婆的幻想，這種舉動就現實考慮而言，顯然很不聰明。但竇嬰似乎自視甚高，不太吝惜由太后而來的尊貴，所以他對「太后由此憎竇嬰」的反應，是「亦薄其官，因病免。」乾脆辭職回家。他想倚靠自己的能力，以賢士大夫的形象嶄露頭角。

吳楚兵起，終使竇嬰有藉自己能力出頭的機會，而他拜為大將軍以後，輕財重士的表現，也頗有戰國公子豪俠之風，但他自視太高的性格，也在此表露無餘。因為景帝所以必須重用他，只因「宗室諸竇毋如竇嬰賢」，換句話說，並不是竇嬰真有旋轉乾坤的通天本領，而只是因為天下騷動，皇帝信不過外人，一定要在宗室、外戚中尋找可靠的人託付重任，才不得不重用他。因此，竇嬰此時藉病堅決推辭，一定要等到「太后亦慙」，皇帝低聲下氣懇求，他才接受任命，姿態未免擺得太高，因為他雖然耿直、自重，但畢竟不是一個真能淡泊名利、棄權位如敝屣的人。

這種由過度的「負氣」與過度的自負堆砌起來的豪氣，畢竟不能維持長久，也禁不起真正的考驗。孝景四年，竇嬰任栗太子傅；七年，太子廢，嬰爭之不得，再度「謝病」，屏居藍田南山之下數月。眾賓客辯士勸他不回，但梁人高遂的一席話就把他嚇回了。高遂說：

能富貴將軍者，上也；能親將軍者，太后也。今將軍傅太子，太子廢而不能爭；爭不能得，又弗能死。自引謝病，擁趙女，屏閒處而不朝。相提而論，是自明揚主上之過，有如兩宮螫將軍，則妻子毋類矣。

高遂一下子就擊中了竇嬰的要害，他直接指出，竇嬰的富貴親用，完全建立在太后的基礎上，並不是真有多了不起，如果行為太過分，太后、皇帝發火，恐怕會吃不完兜著走。言下之意，竇嬰的表現，就好像小孩子與父母吵架後，為表示自己沒錯，負氣離家出走一般。於是，竇嬰沾沾自喜、自命不凡的虛矯氣勢一下子被戳破了，像洩了氣的皮球一般，乖乖銷假上班，「乃遂起，朝請如故。」竇嬰的虛矯，使他不得不「前倨而後恭」。

但是經過這一鬧，竇嬰在景帝心目中的地位已大打折扣，他從此仕途坎坷。桃侯免相後，竇太后屢次推薦竇嬰，景帝回答：「太后豈以為臣有愛，不相魏其？魏其者，沾沾自喜耳，多易。難以為相，持重。」「沾沾自喜」、「多易」（按：指輕率）確實道中了竇嬰性格的弱點，這種喜歡耍性子的人，皇帝是不可能喜歡的。

有小聰明而不知節制的田蚡

司馬遷雖看到竇嬰的缺點，大體上仍肯定他的人格；但對田蚡則相當厭惡，把他寫得極為不堪。他微賤時，對竇嬰的態度是「往來侍酒，跪起如子姓。」富貴後卻翻臉不認人；他得勢封侯，是因為處處投合同母姊王太后（孝景后），一點軍功也沒有；他延攬賓客，是為了「傾魏其諸將相」，亦即出於爭名與爭權力的需要；他拜為丞相後，驕奢無度，「治宅甲諸第，田園極膏腴，而市買郡縣器物相屬於道。前堂羅鐘鼓，立曲旃；後房婦女以百數。諸侯奉金玉狗馬玩好，不可勝數。」這些行徑若與竇嬰對看，高下立判。

田蚡雖具有小聰明，心機也多，但絕不是一個真正能看清大局的聰明人。他初任丞相時，「入奏事，坐語移日，所言皆聽。薦人或起家至二千石，權移主上。上乃曰：『君除吏已盡未？吾亦欲除吏。』嘗請考工地益宅，上怒曰：『君何不遂取武庫！』是後乃退。」這裡可以看出田蚡不知節制、貪得無饜的性格；同時也可以看出他的無知，太小看了武帝這位年輕帝王，以武帝的雄才大略，豈是任人擺布之輩，所以在忍無可忍之下，終於撂下狠話——「究竟誰是皇帝？」「你乾脆造反算了！」若非王太后撐腰，田蚡的下場實在不堪設想。

隆推儒術——文化鬥爭背後隱藏的政治鬥爭

竇嬰與田蚡第一次交手是兩人共同推薦儒家學者趙綰為御史大夫，王臧為郎中令，迎魯申公，「欲設明堂，令列侯就國除關，以禮為服制，以興太平，舉適諸竇宗室毋節行者，除其屬籍。時諸外家為列侯，列侯多尚公主，皆不欲就國，以故毀日至竇太后。」

這是漢王朝「隆推儒術」的先聲，在這次文化變革中，竇嬰與田蚡表面上是聯手作戰，但就現實利害而言，竇嬰卻沒有警覺到這次文化變革背後所隱藏的政治鬥爭，他輕忽了在旁虎視眈眈的「親密戰友」田蚡，而猛挖自己的牆腳。因為竇嬰的靠山竇太后好黃老之言，竇嬰的「隆推儒術」必然會得罪竇太后；而彈劾諸竇毋節行者，除其屬籍，更是化友為敵，削弱自己勢力的舉動。竇嬰自視太高的結果，使他做出這種自以為是、一意孤行的舉動。至於田蚡，他與竇嬰聯手雖也要負擔一點風險，但他的真正後臺是王太后，隆推儒術正是剷除以黃老思想結合在一起的竇家勢力的最佳方式，這種挖竇家牆腳的行動，他何樂而不為？果然，儒道雙方的鬥爭表面化了，「建元二年，御史大夫趙綰請無奏事東宮（太后宮），竇太后大怒，乃罷逐趙綰、王臧等，而免丞相、太尉。」

竇嬰從此真正失勢，田蚡卻靠山尚在，隨時可以復出，「武安侯雖不任職，以王太后故，親幸，數言事多效，天下吏士趨勢利者，皆去魏其歸武安。」竇嬰太天真、太不識時務了。

灌夫衝撞出的雙方矛盾

在竇嬰與田蚡之間有兩個中介人物，一是籍福、一是灌夫。籍福是位見識廣、深通世故的人，他盡力彌補竇、田兩家的嫌隙；灌夫則極為莽撞，他撞出了很多複雜的問題，將竇、田兩家的矛盾尖銳化，將兩家一步步推向激烈的衝突，完全不由自主。

灌夫成名在對吳一役，其父灌孟因鬱鬱不得志，負氣戰死軍中。他為報父仇，不肯隨喪歸葬，誓言取回吳王或吳大將的頭顱，獨與壯士二人及家奴十餘騎，馳入不測之吳軍，身中十餘大創，適有千金良藥，才得不死。待創少瘉，又請命上陣，太尉惜才，固止之，才保住一命，夫從此名揚天下。在此，灌夫那種激烈剛強，一往直前，毫無迴旋餘地的個性已顯露無餘。此外，他的為人，「剛直使酒，不好面諛，貴戚諸有勢在己之右，不欲加禮，必凌之；諸士在己之左，愈貧賤，尤益敬，與鈞。」這是一種「傲上而不凌下」的性格，這種性格使他不可能與當權派和平相處。由灌夫這些性格表現看來，他後來的使酒罵座，忤逆田蚡等舉動，正是他的性格的必然發展。

竇嬰與灌夫交好，除因竇嬰失勢後，賓客漸漸散去，「唯灌將軍獨不失故」，使竇嬰感受到風雨故人的溫暖，以及兩個失勢的貴族想要互相援引借重外，這兩人之間性格的契合當亦為主要原因之一。灌夫的性格，其實就是竇嬰豪邁、自視甚高、又負氣的性格的極端化。由於灌夫這種極端化的個性，才把竇、田兩家隱藏的矛盾尖銳化，帶到衝突的高潮。

結釁與高潮

最具嘲弄性的(Ironical)，是竇嬰與田蚡的衝突，竟肇因於灌夫與竇嬰想攀結朝廷的新貴田蚡。由於失勢的一方硬要挽回昔日的光輝，喪失了結交權貴的本錢仍不甘寂寞，於是一再受辱，一再遭到捉弄，就無可避免了。加上灌夫又是一個任何委屈都不能忍受的人，因此田、竇兩家遂不由自主的步上結怨、破裂之途，這種事與願違的結果，反映了命運對硬要挽回昔日光輝的失勢人物的殘酷，具有深刻的嘲弄意味。

竇嬰遭到田蚡捉弄，始於田蚡戲言他自己應該去拜訪竇嬰，於是灌夫信以為真，刻意安排，而竇嬰也相當看重田蚡的光臨，如大旱之望雲霓。

魏其與其夫人益市牛酒，夜灑掃，早帳具，至旦。平明，令門下候伺。至日中，丞相不來。

竇嬰如此看重田蚡來訪，顯示了失勢的人急於攀結新貴的心理，而司馬遷把這些小事寫得愈詳細，就益發顯出「丞相不來」帶給竇嬰的難堪與折辱。後來灌夫親自往請，丞相尚高臥在床，勉強上車，「又徐行」，完全不把竇嬰放在眼裡。終於，灌夫再也按捺不住，剛烈的性子發作了，「及飲酒酣，夫起舞屬丞相，丞相不起，夫從坐上語侵之。」田、竇兩家從此結怨。

田蚡自然會看穿竇嬰急於攀附的心理，於是更加肆無忌憚，派籍福求索竇嬰城南田，嬰怒而不予，灌夫更怒罵籍福，雖然籍福不願兩家決裂，從中轉圜，但田蚡終於知道竇嬰怒不予田的真相，雙方的仇恨愈結愈深。

灌夫一再得罪田蚡，田蚡自然欲除之而後快。元光四年，田蚡上奏，灌夫家族在潁川魚肉鄉里，要求查辦，並得到武帝批准，報復行動一觸即發；但灌夫也掌握田蚡「為姦利，受淮南王金與語言」的陰事，經賓客從中調解，爭執暫時化解。但同年夏天，在田蚡的婚宴上，灌夫莽撞的個性又闖了亂子。

這次婚宴，灌夫本不欲往賀，後在竇嬰勉強下同行。這裡正可看出失勢者念念不忘昔日光輝的可憐，竇嬰在這種眷戀的心理下，雖屢受田蚡捉弄，卻忍氣吞聲，仍急於與權勢如日中天的田家修好，結果偏偏事與願違，再一次造成嘲弄的情況。飲宴中，田蚡敬酒，「坐皆避席」；後來竇嬰敬酒，「獨故人避席耳，餘半膝席。」在當時田蚡熏灼內外的權勢下，這種情況本是常態，但灌夫硬是不承認竇嬰已是過氣的人物，仍嚥不下這口氣，「不悅」；後灌夫自起行酒，到田蚡面前，田蚡「膝席」回答：「不能滿觴」，不願和灌乾盃，於是灌夫更生氣，「因嬉笑曰：將軍貴人也，請屬之。」但田蚡仍執意不肯乾盃，灌夫碰了軟釘子後，顏面盡失，滿肚子怒火欲待發洩。

> 行酒次至臨汝侯，臨汝侯方與程不識耳語，又不避席。夫無所發怒，乃罵臨汝侯曰：「生平毀程不識不直一錢，今日長者為壽，乃效女兒呫囁耳語。」武安謂灌夫曰：「程、李俱東西宮衛尉，今眾辱程將軍，仲孺獨不為李將軍地乎？」灌夫曰：「今日斬頭陷胸，何知程、李乎！」坐乃起更衣，稍稍去。魏其侯去，麾灌夫出。武安遂怒曰：「此吾驕灌夫罪。」乃令騎留灌夫，灌夫欲出不得。籍福起為謝，案灌夫項令謝。夫愈怒，不肯謝。武安乃麾騎縛夫置傳舍，召長史曰：「今日召宗室，有詔。」劾灌夫罵坐不敬，繫居室。遂按其前事，遣吏分曹逐捕諸灌氏支屬，皆得棄市罪。

灌夫的莽撞，與田蚡的工於心計，在此完全表露出來。臨汝侯灌賢是灌夫的晚輩，他在灌夫敬酒時，非但不避席，且與程不識耳語，顯然是為了討好田蚡。而灌夫受到田蚡侮辱後，無處發作的怒火，正好全部傾洩到臨汝侯身上，臨汝侯成了灌夫的出氣筒。但灌夫口不擇言的人身攻擊，卻一下子得罪了灌賢與程不識二人，這種盲目攻擊的莽撞行動，只會樹立更多的敵人，讓自己更形孤立罷了。果然，田蚡馬上抓住機會，順水推舟，以「程、李俱東西宮衛尉」的理由，挑撥李廣，使灌夫四面受敵，這種反應真是夠敏捷，也夠狡詐。而灌夫的性子既已發作，更顧不了許多，一頭就栽進田蚡設好的圈套中，他所說的「今日斬頭陷胸，何知程、李乎！」簡直是要與座上所有的人為敵了。

灌夫大鬧一場，座上客怕惹禍上身，紛紛託言如廁，悄悄散去。但灌夫本人尚未意識到已闖下大禍，大難臨頭，等到竇嬰發現苗頭不對，招他出去時，已經太晚了。這時田蚡已決計對灌夫下手，而由籍福出面調停的唯一轉圜機會，也在灌夫的強硬態度下喪失了。事實上，田蚡因有「陰事」落在灌夫手中，早有除掉灌夫之心，因而他的制裁行動，既周密又狠毒，一下子就想出一個滅族的罪名，並且「遣吏分曹逐捕諸灌氏支屬」，有斬草除根、殺人滅口的打算。一個莽撞的武夫，對上一個心思細密的小人，這回真的栽定了。

矛盾的終結

灌夫得罪田蚡，雖是個性使然，但無論如何，事情總是為了替竇嬰出氣而起，所以灌夫被捕治罪，竇嬰頗為內疚，因而使出全力，想救灌夫脫困。但竇嬰的積極介入，無疑會得罪氣燄正盛的田蚡與太后，竇夫人勸竇嬰的一段話正可看出當時情勢的險惡，她說：「灌將軍得罪丞相，與太后家忤，寧可救邪？」換句話說，竇夫人已看出，誰要是介入這件事，連自己都會賠進去。但竇嬰的回答卻是「侯自我得之，自我捐之，無所恨。且終不令灌仲孺獨死，嬰獨生。」這句話真是慷慨悲歌，感人肺腑。這種輕身赴義的節操，頗有古俠士「不愛其軀，赴士之阸困」[1]的風範，竇嬰有此表現，已足可稱之為豪傑而無愧色。

竇嬰用盡一切方法，仍無法救出灌夫，只好拿出孝景帝「事有不便，以便宜論上」的遺詔，直接向武帝上書，武帝立即召見，並要他與田蚡到東朝（太后宮）舉行廷辯。

廷辯中，竇嬰眼看難以取勝田蚡，情急之下，順口對田蚡作了人身攻擊，田蚡的回答卻是：

---

[1]《史記·游俠列傳》，卷一二四，頁三一八一。

天下幸而安樂無事，蚡得為肺腑，所好音樂狗馬田宅。蚡所愛倡優巧匠之屬，不如魏其、灌夫，日夜招聚天下豪傑壯士與論議，腹誹而心謗，不仰視天而俯畫地，辟倪兩宮間，幸天下有變，而欲有大功。臣乃不如魏其等所為。

這段話可以看出田蚡便捷的口才，與他善於揣摩帝王心理的伎倆，在他的巧言之下，竇、灌賢而好士的優點一下子轉為大逆不道的罪惡，而他自己驕奢淫佚的罪惡反而成為無傷大雅的小瑕疵了。小人究竟有小人之才，他看穿了專制帝王不怕臣下胡搞亂來，最怕臣下招集賓客，賢而好禮，自成勢力圈的心理。

司馬遷有意藉著廷辯的氣氛，烘托出田蚡薰天的氣燄與太后的威勢。在廷辯過程中，替竇嬰講話的汲黯、鄭當時是正直的賢者，私下向皇帝報告兩家曲折的石建是謹厚的長者，其他朝臣都噤若寒蟬，但汲、鄭後亦「不敢堅對」，這可看出事情的是非曲直本很明顯，但朝臣都受制於太后與丞相的氣燄，使是非一時混沌不清。

武帝似乎對田蚡極不滿意，但礙於太后情面，不便直接斥責，渴望藉著朝臣之口批鬥田蚡。所以當他看到群臣畏縮的表現，不禁大怒，怒斥內史鄭當時：「公平生數言魏其、武安長短，今日廷論，局趣效轅下駒，吾並斬若屬矣。」

然而，在王太后大力干預下，案情終告急轉直下，竇嬰不但救不了灌夫，反而被控以欺謾與矯詔的罪名，罪當棄市。而竇嬰這位一直以豪傑自居的人物，當面對死亡的威脅時，所表現的恐懼與患得患失之情，令人看了不禁鼻酸。「五年十月（按：當為元光三年），悉論灌夫及家屬。魏其良久乃聞，聞即恚，病痱，不食欲死。或聞上無意殺魏其，魏其復食，治病，議定不死矣。乃有蜚語，為惡言聞上，故以十二月晦，論棄市渭城。」竇嬰至此已徹底成為一個被捉弄的可憐蟲，英雄末路，死得如此窩囊，這種狼狽相實在令人不忍卒睹。

竇嬰在現實世界的鬥爭中徹底失敗了，但隔年春，田蚡就生了一場大病，並且在竇嬰、灌夫的鬼魂索命下，一命嗚呼。不久，嗣侯田恬也因罪除國。接著，田蚡與淮南王私相交通，接受賄賂的往事又告揭穿，「上自魏其時，不直武安，特為太后故也。及聞淮南王金事，上曰：『使武安侯在者，族矣。』」司馬遷補記了這些事件，一方面用以傾洩他對田蚡的厭惡之情，另方面也算是替竇嬰討回一點公道。

結語——幾個重要的美學原則

亞里斯多德論及悲劇的故事或情節時，曾為美學或藝術學提示了幾個重要的概念，他認為悲劇必須是一個完整的統一體（Unity），他說：

所謂完整乃指有開始、中間與結束。開始為其本身毋須跟隨任何事件之後，而有些事件卻自然地跟隨於它之後；結束為或出於自身之必然，或出於常理，跟隨於某些事件之後，而無事件跟隨於它之後；中間則必跟隨於一事件之後，而另一事件復跟隨於它之後。[2]

這是指藝術必須是一種秩序之表現（Art as order），藝術的各部分間不是一種可以隨意改變的外在組合，而必須構成內在的有機的關聯[3]。亞氏又認為，凡是優良的情節必然是複雜的情節，而複雜的情節是：

複雜的則包含急轉或發現，或二者兼具。急轉或發現必須來自情節的結構的本身，必由於前面的事件的蓋然的或必然的結果。一件事之發生「以此為因」與「在此之後」是大不相同者。[4]

---

[2] 亞里斯多德著，姚一葦譯，《詩學》，第七章，頁七九，臺北：中華，一九七八。

[3] 同上，姚一葦箋，頁八一。

[4] 同上，第十章，頁九三。

以上這些美學原則，一直到十六世紀以後的新古典主義者尚奉之為圭臬。雖然有人認為完全依照此一尺度衡量作品的藝術價值，等於是拿一把古代的尺來衡量後代作品，而且現代的小說或戲劇觀念，也經常自真實的人生中取樣，截取「生活的片斷」(Slice of life) 加以發揮，因而打破了亞氏的美學標準，但無論如何，亞氏至少已告訴我們一些寫作的基本成規，個中道理值得我們咀嚼。而由上文所述，在〈魏其武安侯列傳〉的情節發展中，有結衅，有高潮，有終結，程序非常清楚，結構又環環相扣，司馬遷憑著天賦的藝術洞察力與優越的寫作技巧，創造了暗合亞氏要求的作品，實在值得敬佩。而且由於司馬遷並不是生硬的拿著亞里斯多德的尺裁剪出他的作品，所以也就沒有淪於教條化的危機，在〈魏其武安侯列傳〉中，我們看到的是一篇有機的、渾然天成的文學作品。

除此之外，情節需由人物性格帶動，人物性格需透過情節表現的原則，也是亞里斯多德所重視的，他說：「當某一劇中人說或做某事時，必須必然或蓋然地出諸他的性格。」[5] 此一原則後來成為西方文學批評者一直奉行的金科玉律，而這個規則，在〈魏其武安侯列傳〉中也毫無困難的達到了。在本傳中，我們看到田、竇兩家的衝突，完全出自灌夫、竇嬰與田蚡的個性，而透過情節的發展，我們又更能深刻體會傳中幾個主要人物的性格。在這裡，司馬遷把歷史傳記寫得比一般小說還要精彩、深刻，真不愧是中國歷史上數一數二

[5] 同上，第十五章，頁一二六。

的大文豪。

司馬遷在本傳中，用力描寫的三個人物是竇嬰、田蚡與灌夫，田蚡陰狠詭詐，固不足論；灌夫莽撞，把本來並無本質矛盾的田、竇兩家推到無法收拾的衝突上，但他這個角色本身也不重要，重要的是他這個「扁平人物」(Flat character)所衝出、襯托出的人生複雜真相。至於竇嬰，則是最讓人感慨萬千的人物，他具有豪傑氣息，但在強度上卻有所欠缺——他看重身分、愛惜羽毛，卻容易沾沾自喜；他有慷慨悲歌的一面，但對權勢卻相當眷戀；他正直、負氣，卻不純粹，容易心虛——總之，他並不是一個真能拿得起放得下，真能義無反顧的豪傑，也不是一個真能認識自己，看清時務的智者。因此，他既成就不了真正的功業，當失敗時，他的失敗也顯得不夠悲壯。但他卻是個很值得同情的人物，我們在他身上看到了一個自視甚高的豪傑，因個性上的某些缺陷，最後淪為一個被捉弄的可憐蟲的悲哀。而竇嬰雖然不能留下完美的形象，但他卻是一個很真實，與我們很接近的人物，因此，我們由這位豪傑的沉淪，也體會到命運的無情，以及人類對一切流逝之物無能挽回的悲哀。

「趙孟之所貴，趙孟能賤之。」在〈魏其武安侯列傳〉中，我們也看到了高踞封建社會上層的支配者的可憐相。他們的一切都仰給於一人，因此他們的光榮也隨時可能被奪走，竇嬰與灌夫「不知時變」，算是徹底失敗了；但即使是那個在現實世界樣樣吃得開的田蚡，他的地位也絕不穩固，一遇風波，難保不會像飄萍飛絮一般，掉落糞泥之上。武帝所說的「使武安侯在者，族矣。」正道出了田蚡隱藏的危機，可是他們這班人是絕不會有此自覺的。

「緣飾以儒術」的真相
——酷吏群相

司馬遷對酷吏政治的評價

漢興以後，知識分子反秦的氣氛雖然空前高漲，法家的勢力卻始終存在，朝廷各種政制，甚且沿襲秦制，未加變革。但這段期間，漢家在「無為」的指導原則下，法律的執行卻能寬緩不苛，人民遂得以休養生息；然而諷刺的是酷吏政治的推行，居然是在「隆推儒術」的武帝時代。我們若想了解武帝一朝「緣飾以儒術」的政治真相，《史記‧酷吏列傳》是很好的材料，在該傳中，司馬遷為我們留下活生生的酷吏群相，同時也暴露了莊嚴的漢王朝在政治、社會上的深刻危機，以及「緣飾以儒術」背後的罪惡。

司馬遷對於酷吏的功能並未全盤否定，他在〈太史公自序〉中說：「民倍本多巧，奸軌弄法，善人不能化，唯一切嚴削，為能齊之，作〈酷吏列傳〉。」此外，酷吏若偶有一二可取之處，他也未一筆抹殺，所以他承認郅都「伉直」，張湯「國家賴其便」，趙禹「據法守正」。但大體而言，司馬遷對酷吏政治造成的人間地獄慘境，甚為痛心；對酷吏的各種惡劣作風，深惡痛絕；對酷吏政治的源頭——漢武帝，更是譏評有加。總之，司馬遷對酷吏的作用雖未全盤否定，對酷吏的一二可取之處也未一筆抹殺，但他對整個酷吏政治所造成的罪惡及其後遺症，卻言之甚為痛切。

本傳一開始，司馬遷就引用孔子與老子的兩段話，藉以貶低酷吏政治的價值。引用孔子的「導之以政，齊之以刑，民免而無恥；導之以德，齊之以禮，有恥且格。」是以「德」對「刑」，說明嚴刑峻法的侷限性；引用老子的「上德不德，是以有德；下德不失德，是以無德。法令滋章，盜賊多有。」是以「無為」對「有為」，肯定「無為」的價值，並且把盜賊的產生，歸因於「法令滋章」，亦即認定盜賊的產生，是由於官逼民反，是酷吏政治造成的後果。所以太史公接著說：「法令者治之具，而非制治清濁之源也。」

但是接著的一段話卻頗易引起誤解，這段話是：

昔天下之網嘗密矣，然姦偽萌起，其極也，上下相遁，至於不振。當是之時，吏治若救火揚沸，非武健嚴酷，惡能勝其任而愉快乎！言道德者，溺其職矣。

這段話認為在姦偽萌起的時代，暢言德治已完全不合時宜，必須藉助酷吏才能勝任愉快，似乎相當肯定酷吏的貢獻。但我們若能從更根本的地方看這個問題，就會發現完全不是這麼一回事。因為酷吏雖然好像有其貢獻，但酷吏不是必然需要的，是因為統治者太嚴苛了，「天下之網嘗密矣」，把人民弄得不能生存，才造成「姦偽萌起」的結果，這是錯誤的第一步，有了這錯誤的第一步，以下就產生惡性循環，不由自主的惡化下去。例如姦偽萌起後，必須藉助酷吏鎮壓，酷吏又把更多良民逼上梁山，因而統治者對酷吏的倚仗又更加迫切，最後非但無法解決姦偽萌起的問題，更會弄得天下騷動，民不聊生。由此可知，司馬遷這段話只能當作反話看，他講這些話一定含有無窮的感歎，所以他緊接著又引用孔子與老子的話，謂：「故曰：『聽訟，吾猶人也，必也使無訟乎。』『下士聞道大笑之』，非虛言也。」再度貶低嚴刑峻法的價值，並且舉出漢初法網寬疏的結果是「吏治烝烝，不至於姦，黎民艾安。」肯定為政之道是「在彼不在此」，亦即在寬不在苛。

由此可知，司馬遷反對酷吏政治的立場是可以確定的。

酷吏政治產生的背景

〈酷吏列傳〉中的酷吏，大部分都是武帝所擢用者，而武帝拔擢這批酷吏，有當時的政治、社會與經濟背景。

漢王朝經過七十幾年的休養生息後，到武帝時已蓄積了雄厚的國力，但也遺留下不少問題。武帝既想大有作為，徹底解決匈奴問題，並整頓內政，這時道家的無為或儒家的迂緩已不足以孚武帝之望，只有任法言利的法家能替武帝凝聚強大的力量，因此這批專門人才遂一個個冒出來，受到重用。此外，武帝更以鐵腕推動漢初以來一直執行的「強本弱末」政策，嚴厲制裁豪富大族，這就更增加他對酷吏的倚靠。

但由於朝廷花費毫無節制，諸如窮兵黷武，四啟邊釁；行封禪，遠巡狩，好大喜功；修宮殿，爭民利，窮奢極欲，終於弄得國庫虛耗，於是進一步的搜括、壓榨就勢所難免了。但人民已山窮水盡，只好嘯聚為盜，「吏民益輕犯法，盜賊滋起」，於是社會秩序的崩潰與酷吏執法的愈趨嚴酷就成了惡性循環①。〈平準書〉與《漢書·刑法志》都曾由社會經濟的破產，說明酷吏政治形成的原因。〈平準書〉云：

干戈日滋，行者齎，居者送，中外騷擾而相奉，百姓抏獘以巧法，財賂衰耗而不贍，入物者補官，出貨者除罪，選舉陵遲，廉恥相冒，武力進用，法嚴令具，興利之臣自此始也。

① 由《史記·平準書》可以看出酷吏政治的背景。

《漢書・刑法志》云：

及至孝武即位，外事四夷之功，內盛耳目之好，徵發煩數，百姓貧耗，窮民犯法，酷吏擊斷，姦軌不勝。於是招進張湯、趙禹之屬，條定法令……其後姦猾巧法，轉相比況，禁罔寖密。

由此看來，武帝時代滋生的諸多社會問題，與他的奢侈、好大喜功的習性，以及他所推動的財經政策有莫大的關係，亦即武帝對罪惡的酷吏政治要負最大的責任。〈平準書〉記載：「張湯死，而民不思。」可見飽受壓榨，賣妻鬻子，流離失所的百姓，對執行武帝政策的酷吏有多麼痛恨。

酷吏的作風與罪惡

酷吏之所以為酷，首在其刻薄不近人情。例如郅都嘗從景帝入上林，賈姬如廁，野豬猝入廁，上目都，都不行，景帝欲親自救賈姬，郅都攔住他，說：「亡一姬，復一姬進，天下所少寧賈姬等乎？」這等話雖有片面道理，卻沒有一點人與人之間的情分在，可以看出郅都刻薄的個性。他當官後，「公廉不發私書，問遺無所受，請寄無所聽，常自稱曰：『已倍親而仕，身固當奉職死節官下，終不顧妻子矣。』」這是酷吏最好的一面，但總讓人覺得沒有一點人的感情與溫暖，本身好像就是冷冰冰的法律條文的化身。順著這種刻薄不近人情的個性發展下去，少數清廉的酷吏也難免視生命如土芥，各種嚴酷的手段都使得出來；至於那些舞文巧法，徇私貪戾的酷吏，就更不堪聞問了。

盛氣淩人，不肯屈居人下，是酷吏的另一特徵。例如寧成「好氣，為人小吏，必陵其長吏；為人上，操下如束溼薪。」周陽由「為守，視都尉如令；為都尉，必陵太守，奪之治。」這種淩人的氣燄，自然容易淪為暴酷，在對待下民時，往往嚴厲緊刻，不讓他們有一點喘息的空間；對待豪族時，往往「斬伐不避貴戚」，成為統治者剷除豪族的最佳工具。所以寧成為中尉時，「宗室豪傑，皆人人惴恐。」郅都為中尉時，「列侯宗室見都側目而視，號曰『蒼鷹』」。

然而酷吏能得到統治者青睞，不可否認他們都具有相當的才幹。他們熟悉法令條文，能徹底執行皇帝的意旨，所以才能受到重用，〈酷吏列傳〉中一再出現的「上以為能」，正說明他們的確是武帝得力的助手。除此之外，他們也往往有其他的才幹，如郅都拜為雁門太守後，「匈奴素聞郅都節，居邊，為引兵去，竟郅都死，不近雁門。匈奴至為偶人象郅都，令騎馳射莫能中，見憚如此。」這可看出郅都的邊才以及懾人的聲威，真可謂「威震八方」了。又如寧成犯罪後，偽造通行證回鄉，誓言：「仕不至二千石，賈不至千萬，安可比人乎！」後來擁有田產千餘頃，役使貧民數千家，「為任俠，持吏長短，出從數十騎，其使民威重於郡守。」這裡可看出寧成實有過人的才幹，他把做官未發揮完的本領都用出來了。然而，酷吏雖具有相當的才幹，但由於他們嚴苛過度，甚至心術不正，於是才幹淪為苛察，超人一等的本領適足以濟其惡，生活在這些酷吏鐵掌之下的百姓，更要流離失所，顛連無告了。

以上是由性向與才具說明酷吏的特色，這些性向與才具雖易淪為苛察暴酷之資，但本身畢竟仍有可取之處。可是酷吏卻往往有更多令人髮指的作風，這些作風造成了酷吏罄竹難書的罪惡。

酷吏的第一罪惡是生性好殺，視生命如土芥。例如王溫舒為河內太守時，九月上任，到年底已族滅郡中豪猾不計其數，「至流血十餘里」，會春，溫舒頓足歎曰：「嗟乎，令冬月益展一月，足吾事矣。」[2]這可看出他好殺的作風，所以司馬遷斥責他「其好殺伐行威，不愛人如此。」並且諷刺的說：「(溫舒)為人少文，居廷惛惛不辯，至於中尉則心開。」這簡直是斥責他以殺人為快樂之本了。又如寧成為都尉時，「其治如狼牧羊」，當時人號曰：「寧見乳虎，無值寧成之怒。」酷吏的崛起，已再一次把「暴政猛於虎」的夢魘帶到漢帝

[2] 漢法，立春後不許決囚。

國的每一個角落。由於酷吏一味好殺，一旦落在他們手中幾乎已無生路，「大抵盡靡爛獄中，行論無出者」，所以後來一聽到逮捕令下達的消息，人民就相率逃亡了。

酷吏不但生性好殺，而且擅於巧立名目，捏造罪名。張湯因為和大農令顏異對造白鹿皮幣的意見不同，就以顏異在新令下行時「微反脣」的舉止，判定他「異九卿，見令不便，不入言而腹誹，論死。」從此遂有「腹誹之法」[3]。這簡直是最嚴厲的「誅心」之論。在「腹誹」的罪名下，從此犯罪不必有具體的罪行，不必有事實證據，只要看不順眼的，隨時可以往對方頭上扣上這頂有殺頭之罪的帽子。

酷吏殺人，有的只是赤裸裸的趕盡殺絕，有的卻懂得美化殺人的罪行。張湯就深諳「以理殺人」之妙，他看準武帝「內多欲，而外施仁義」[4]的心理，審理大獄時，經常附會古義，「乃請博士弟子治《尚書》、《春秋》，補廷尉史，亭疑法。」於是善於舞文弄法、趕盡殺絕的張湯，在殺人時卻擁有儒家的經典——尤其是《春秋》、《尚書》——作為形上的指導原則，他因此更可以心安理得的殺人，而且還因此博得美名，「刻深吏多為爪牙用者，依於文學之士，丞相弘數稱其美。」卡繆認為二十世紀人類最大的罪惡，在於把不合理的事

[3] 見《史記．平準書》，卷三〇，頁一四三四。

[4] 汲黯對武帝說：「陛下內多欲，而外施仁義，奈何欲效唐虞之治乎！」（見《史記．汲黯列傳》，卷一二〇，頁三一〇六）

情合理化，他絕想不到張湯這班酷吏早就懂得這些伎倆了。

酷吏通常不能秉公持法，維持法律的公正性，他們往往「善伺候」，完全看主子的臉色行事。杜周為廷尉時，「上所欲擠者，因而陷之；上所欲釋者，久繫待問，而微見其冤狀」。有人指責杜周：「君為天子決平，不循三尺法，專以人主意指為獄，獄者固如是乎？」杜周卻厚顏回答：「三尺安出哉？前主所是著為律，後主所是疏為令，當時為是，何古之法乎！」如此一來，神聖的法律遂成為任意殺人的工具，而法官也成為助紂為虐的走狗了。酷吏這種表現，與守法不阿意，堅持「廷尉，天下之平也，一傾而天下用法皆為輕重」[5]的張釋之比較起來，真是有天淵之別。

這些酷吏寧為助紂為虐的走狗，當然全是為了自己的利益打算，所以他們除了為主子枉法外，更會為自己的利益枉法，徇私舞弊。例如王溫舒，「為人諂，善事有勢者，即無勢者，視之如奴。有勢家，雖有姦如山，弗犯；無勢者，貴戚必侵辱。」周陽由，「所愛者，撓法活之；所憎者，曲法誅滅之。」如此，法律已成為酷吏貪汙弄權、結黨營私的工具。請看杜周，「初徵為廷史，有一馬，且不全；及身久任事，至三公列，子孫尊官，家訾累數巨萬矣。」這些錢當然都是貪贓枉法所得，可見武帝的財經政策雖打擊了末富，卻造就了更多貪贓枉法的姦富，財富不流向富商巨賈，卻流向具有特種身分的達官顯宦，以及與官

[5] 《史記．張釋之馮唐列傳》，卷一〇二，頁二七五五。

方勾結的特殊商人、地主，神聖的法律成為酷吏任意巧取豪奪的工具，人民更加無所措其手足了。很多人認為漢武帝以後的政治是「陽儒陰法」，其實先秦法家最值得稱道的法的公平性，在他們手中已完全喪失了。

酷吏為了達到自己的目的，更不惜放縱自己的手下行惡，並與土豪惡霸相勾結。王溫舒重用豪惡吏，「其爪牙吏，虎而冠。」手下都是戴帽子的老虎。這種專以吞噬百姓為業的酷吏集團，簡直比豺狼虎豹還可怕。

酷吏的罪惡固然可恨，但司馬遷絕不會放過酷吏政治的總源頭——漢武帝。他在〈酷吏列傳〉中主要寫了十人，其中除了頗有可取的郅都外，其他都是武帝所擢用，這些人的操守雖一個不如一個，暴酷卻一個勝過一個，而且當這批人做出特別暴酷的行動，司馬遷就加上一句「上以為能」，這不就是要武帝承擔酷吏政治的一切罪惡？此外，司馬遷又寫了一篇〈循吏列傳〉，其中有五個奉職循理的愛民之官，但漢朝一個也沒有，這不就很明顯有弦外之音嗎？在司馬遷眼中，酷吏無異是鎮壓人民的劊子手，而漢武帝就是這群劊子手的頭子。

然而，酷吏本身卻也很少得到善終，侯封、郅都、周陽由、張湯、義縱、王溫舒、減宣等人都死於非命。這倒不是天道好還，惡有惡報，而是他們所賴以作威作福的環境，其實就是生命安全沒有保障，隨時可以致人死命的環境。但這些人卻完全沒有這個自覺，他們往往忘了自己只是統治者的打手，在權力膨脹的假象中，一旦出了差錯，統治者一樣會用嚴酷的手段對付他們。何況酷吏之間還會互相吞噬，例如張湯最後被與他一同「定律令」，且事之如兄的趙禹逼死；寧成被義縱族滅。在這狗咬狗的世界中，酷吏想要全身而退太困難了。但當酷吏處於權勢的顛峰狀態時，他們絕不會想到日後下場的悲慘，這就是他們的悲哀。

治亂世，用重典？

很多人在面對不勝其煩的犯罪案件時，總喜歡把「治亂世，用重典」的話掛在嘴邊，以為嚴刑峻法足以嚇阻一切罪行，但我們若由〈酷吏列傳〉所載的歷史事實來加以驗證，這種理論早就破產了。

武帝由於各種政治措施失當，加以奢靡浪費，造成經濟破產、民不聊生的窘境，於是更加倚靠以斬殺為能的酷吏鎮壓人民，但強硬鎮壓的結果卻造成社會更加動盪，甚者更揭竿而起。本傳記載：

> 吏民益輕犯法，盜賊滋起。南陽有梅免、白政，楚有殷中、杜少，齊有徐勃，燕趙

之間有堅盧、范生之屬。大群至數千人，擅自號，攻城邑，取庫兵，釋死罪，縛辱郡太守、都尉，殺二千石，為檄告縣，趣具食。小群盜以百數，掠鹵鄉里者，不可勝數也。……數歲乃頗得其渠率，散卒失亡，復聚黨阻山川者，往往而群居，無可奈何。於是作「沉命法」，曰：「群盜起不發覺，發覺而弗捕滿品者，二千石以下至小吏主者皆死。」其後小吏畏誅，雖有盜，不敢發，恐不能得，坐課累府，府亦使其不言。故盜賊寖多，上下相為匿，以文辭避法焉。

這就是所謂漢武「盛世」的實況，群眾憤怒的火山爆發後，殺也殺不完，逼得大小官員間只好串通欺瞞，大家一齊粉飾，造就紙上的太平盛世，以免被「沉命」。善哉《老子》所謂「民不畏死，奈何以死懼之。」⑥人民在賣妻鬻子、流離失所的情況下，眼見貴族階層過著輕歌曼舞、窮奢極欲的生活，哪有不鋌而走險、揭竿而起的道理！

其實，「重典」能夠奏效，往往是在社會秩序相當上軌道的時候，因為這段時期，人民能夠安居樂業，而且由於犯法者少，一有犯罪行為很容易被查獲，亦即這時的執法成本低，犯罪成本高，所以人人能守法自重。但是當社會秩序崩潰的時候，由於犯法者多，他們就不會再對犯罪行為感到羞愧，而且由於犯罪者多，執法者疲於奔命，罪行被查獲的機率降

⑥《老子．七十四章》。

低很多，亦即犯罪的利益增大，而所負擔的風險卻減少，因此不但慣犯會一再做案，連一般人也會蠢蠢欲動，這時社會秩序就難以依靠重刑維持了。而如果此時治安機關執法不公，有罪者開釋，無辜者受刑，那局面將愈發不可收拾。

由此看來，「治亂世，用重典」的理論是極端不可靠的，要消弭犯罪行為，並沒有捷徑可走，政治清明、社會公平、司法公正，使人人以守法為榮，使徹底守法符合最大多數人的利益，才是治本之道。

司馬遷雖然看出了酷吏政治的罪惡，但由於歷史條件限制，他是很無可奈何的，於是他不免流露出一種浪漫的嚮往，希望能超越法治，以道家的無為或儒家的禮義教化治國[7]，但這是難以期待的，而且這也正是古人為政治問題尋找出路時，最無可奈何的地方。

[7] 司馬遷對「無為」政治的嚮往，可能是鑑於漢初黃老政治成功的背景，但黃老政治其實是以法家為根底，並不是真正的「無為」。

抗議精神的體現者

——游離於體制外，伸張「另一種正義」的游俠

游俠——司馬遷抗議精神的體現者

游俠是下層社會的產物，他們游離於封建社會的體制之外，備受士大夫歧視，不容於禮教，也不容於國法。但司馬遷卻對他們特別青睞，給他們極高的評價，為他們立傳，並且歌頌他們的道德與正義，讚揚他們與王法作對的反抗精神；甚至為秦以前游俠的事蹟湮滅不見而慨歎，為世人不了解游俠的行徑而難過。在士大夫當令的舊社會中，司馬遷這種對游俠的評價是相當奇特的，而這種奇特的評價，正來自游俠具體表現了司馬遷的抗議精神。司馬遷抗議酷法，抗議「君子」，抗議虛偽的王道、仁義，甚至懷疑整個政治社會體制的合理性，而游俠正是把這股不平之氣盡情傾洩出來，以血性與熱情伸張「另一種正義」的力量。

在〈酷吏列傳〉中，司馬遷曾對漢王朝殘暴的恐怖統治大加撻伐。一般人在這種殘酷

的統治之下，除了默默忍受苦難外，是無處可訴苦的。對於這種人生苦難，司馬遷有深刻的體驗，所以他在〈游俠列傳〉中感歎的說：「昔者虞舜窘於井廩，伊尹負於鼎俎，傳說匿於傅險，呂尚困於棘津，夷吾桎梏，百里飯牛，仲尼畏匡，菜色陳、蔡。此皆學士所謂有道仁人也，猶然遭此災，況以中材而涉亂世之末流乎？其遇害何可勝道哉！」「以中材而涉亂世之末流，其遇害何可勝道」，雖是司馬遷的夫子自道，但哀鴻遍野的百姓，他們所遭遇的慘境絕不會稍遜於此的。在這種情況之下，敢挺身而出，向「王法」挑戰，「設取予然諾，千里誦義，為死不顧世……故士窮窘而得委命」的游俠，就成了處身暗無天日中的苦難民眾的唯一希望，他們是被壓迫的廣大民眾心目中的英雄，只有他們敢「以武犯禁」，對抗王法，為別人的急難出生入死。

出口道德仁義，閉口仁義道德的士大夫也是司馬遷所不齒的，這些人平日一副聖賢君子的模樣，但內心一點真性情也沒有，所以平日殷勤相接的朋友，一旦有人落難，大家莫不急於劃清界限。當司馬遷被判宮刑時，只要繳罰款就可贖罪，但「家貧，財賂不足以自贖，交遊莫救，左右親近，不為一言。」（〈報任安書〉）這是多麼令人感傷！這時司馬遷難道不會慨歎聖賢君子、道德仁義、朋友情義哪裡去了？難怪他那麼嚮慕游俠的道義——「其行雖不軌於正義，然其言必信，其行必果，已諾必誠，不愛其軀，赴士之阨困，既已存亡死生矣，而不矜其能，羞伐其德，蓋亦有足多者焉。」比起上流社會的那些「君子」，游俠顯然高貴多了。藉著對游俠的歌頌，司馬遷揭穿了士大夫的虛偽面目，也表達了他對「聖賢君子」的鄙夷與抗議。

正義的伸張，冤屈的平反，是受盡委屈的苦難民眾最大的渴望，然而正義與道德卻永遠站在有權有勢者那一邊，充當權勢的美容師與劊子手。對於這種乾坤顛倒的現象，司馬遷情不自禁地採用「異端」攻擊「正統」的語句，藉以嘲諷，他說：「鄙人有言曰：『何知仁義，已饗其利者為有德。』伯夷醜周，餓死首陽山，而文、武不以其故貶王；跖、蹻暴戾，其徒誦義無窮。由此觀之，竊鉤者誅，竊國者侯，侯之門，仁義存，非虛言也。」正統的正義、道德既已變質，那麼行徑「不軌於正義」，破壞正統教條的權威，自己奉行另一套正義與道德標準的游俠，恐怕反而更符合正義與道德的真精神。至少他們這一套正義與道德，比起有權有勢者那種「已饗其利者為有德」的道德，要可愛多了。所以司馬遷十分肯定游俠的價值，一再說游俠之義「有足多者」、「曷可少哉」、「有足稱者」，而通過對「不軌於正義」的游俠的歌頌，司馬遷明顯地表現出他對有權有勢者那套正義與道德的懷疑與抗議。

司馬遷既表現出他對酷法、君子、正義、仁義道德的鄙夷與抗議，等於他對封建統治的政治、道德、意識形態各方面都產生了信任危機，亦即他對整個體制的合理性已產生懷疑。司馬遷以一個士大夫的身分，能夠對下層社會的游俠給予毫無保留的歌頌，原因就在於他們在這方面是「臭氣相投」的，所以他對這股體制外的力量特別欣賞。而讀者若了解司馬遷對整個體制的合理性已產生懷疑，更可了解整部《史記》中何以到處充滿了抗議精神。

游俠的社會支配力及其與統治階層的矛盾

游俠所以值得重視，除了他們的特殊行徑外，也因為他們具有很大的社會支配力。吳、楚反時，太尉周亞夫在河南網羅到劇孟，高興地說：「吳、楚舉大事而不求孟，吾知其無能為已矣。」欣喜之情溢於言表，由此可以看出游俠左右大局的力量。所以司馬遷接著說：「天下騷動，宰相得之，若得一敵國云。」更具體地把劇孟的實力比成一個王國[1]。但這股力量平日潛伏在地下，不易覺察，所以劇孟平日的表現是「好博，多少年之戲」，表面上看不出他的社會支配力，但到了關鍵時刻，這股力量就會展現出來。「然劇孟死，自遠方送喪，蓋千乘。」劇孟的交遊之廣，社會影響力之大，這時才表現出來。

[1] 《史記會注考注》引《通鑑考異》云：「按劇孟一游俠之士耳，亞夫得之，何足為輕重，蓋其徒欲為孟重名，妄撰此言，不足信也。」（卷一二四，頁一二八六）這是典型的士大夫觀點，完全受到士大夫階層自我尊貴的意識左右，不願承認游俠的價值。

由此看來，游俠儼然就是下層社會的領袖，他們自成一個集團，甚至收容亡命之徒，形成一股龐大的勢力。有些人為了報恩，有些人受了游俠的感召，很樂意為游俠賣命。例如郭解只要受了一點小侮辱，脾氣稍稍發作，就有少年主動替他報仇，並且不讓他知道；而且受到郭解感召的人，知道郭解藏匿亡命，開銷太大，也往往主動要求代為給養；當郭解逃亡時，一路上有很多人冒生命危險掩護他，與郭解素昧平生的籍少公掩護郭解後，為了斷絕官方追查的線索，保護郭解，更為他自殺。凡此，可以看出游俠的影響力確實相當嚇人。

最了不起的地方，是這些社會支配力的獲得，完全憑藉游俠自己的努力、經營。他們不像孟嘗、信陵等貴公子，「皆因王者親屬，藉於有土卿相之富厚，招天下賢者，顯名諸侯……比如順風而呼，聲非加疾，其勢激也。」也不像地方的土豪惡霸，「比周設財役貧，豪暴侵凌孤弱，恣欲自快。」游俠的力量來自民間，完全靠自己的努力、修養打出一片江山，所以司馬遷稱讚他們：「閭巷之俠，脩行砥名，聲施於天下，莫不稱賢，是為難耳。」「雖時扞當世之文網，然其私義廉潔退讓，有足稱者，名不虛立，士不虛附。」

然而，不管司馬遷如何稱頌游俠，也不管這些游俠如何義行可嘉，統治者卻對他們深感頭痛，無時無刻不想除掉他們。〈酷吏列傳〉中所載，諸酷吏所誅除的地方豪強，有些其實就是地方的游俠。甚至當統治者感覺到游俠的力量太大時，有時也會派專使把他們剷除。

統治者所以會對游俠如此在意，不容他們存在，是因為統治階層與游俠之間有本質上的矛盾。游俠既游離於體制之外，以武犯禁，對抗「王法」，行事又不合乎綱常名教；加以他們勢力龐大，難以控制，已經對統治權力的穩定性構成威脅，所以他們受到「制裁」是必然的。公孫弘建議武帝族滅郭解的話頗能透露此中訊息：「解布衣，為任俠行權，以睚眦殺人，解雖弗知，此罪甚於解殺之。當大逆無道。」

手下殺人，郭解不知情的罪比知情的罪還重，這已不是從法律的觀點來考慮，而是從政治的觀點來考慮。因為有那麼多人自動幫郭解報仇殺人，表示擁護郭解的人已多得數不清，而專制帝王要的是上天下地唯我獨尊的權力，臥榻之側豈容他人鼾睡？權力豈容他人分享？所以公孫弘的一席話自然容易打動武帝。

公孫弘在族滅郭解這件事上，似乎是專制帝王的幫凶，但封建士大夫與游俠之間其實也有本質上的衝突，這一方面是因為士大夫與專制帝王的利益往往是一致的，另一方面是因為士大夫認為極神聖的綱常名教、道德王法，游俠都加以否定，士大夫不管是要維護自己所認同的神聖文化、神聖的「正統秩序」，或維護自己的身分、地位，都會對游俠恨入骨髓[2]。游俠既與專制帝王及士大夫階層都有根本的矛盾，他們必然遭到無情打擊的命運，

---

[2] 傳統士大夫的這種心態，請參閱拙著，〈傳統儒者經世思想的困境〉。(《哲學與文化》，十四卷七期，一九八七年七月)

自然可想而知了。

游俠的行為值得稱許嗎？

縱然司馬遷對游俠稱頌有加，但人們對游俠的評價卻見仁見智，差異極大，所以若要討論游俠的行為是否值得稱許，恐怕會牽涉到評價者的背景而大費周章。但筆者認為，這個問題至少應從兩個角度來看：第一，不管司馬遷如何稱頌，游俠絕不是完美的人，但也不是暴豪之徒。第二，游俠的行為是否值得稱許，應就他們所處的大環境來加以評估。

游俠的難能可貴之處，司馬遷已經很生動地告訴我們，但他們不但不是循規蹈矩之徒，有時游俠這個集團仍會有作威作福的表現。像郭解出入時，「人皆避之」，威風凜凜，以反抗權勢自命的游俠，似乎已沉浸在權勢的滋味中；再如郭解的外甥可以依仗乃舅的權勢，「與人飲，使之嚼，非其任，強必灌之。」另外，郭解徙居茂陵，主其事的楊季主父子立刻被解兄子殺害，楊季主家人上書，解客又殺之闕下，凡此都可看出游俠集團氣燄的囂張。

然而游俠畢竟不是暴豪之徒，他們很在乎自己的形象，有自我的要求，絕不至於縱慾自快。郭解的外甥被殺後，凶手逃亡，解姊棄屍於道，不下葬，想羞辱郭解，解使人探得凶手藏匿處，凶手無處可逃，向郭解自首，郭解了解事情經過後，謂：「公殺之固當，吾兒不直。」就把凶手放了，歸罪自己的外甥。這是何等的大手筆！另外，郭解出入時，人人迴避，獨有一人箕踞視之，手下想除掉他，郭解卻說：「居邑屋，至不見敬，是吾德不修也，彼何罪！」不但不殺他，還暗中囑咐縣府人員，免除箕踞者的勞役，後來箕踞者知道了，終於肉袒謝罪。經過這兩件事後，郭解的義行更加響亮，名氣更大。

郭解當然不是聖人，不是在實踐仁義忠恕之道，但他卻頗有儒家「遠人不服，則修文德以來之」的氣度，要四海歸心，人人服他，才心滿意足。他也願意吃虧，更懂得「吃虧就是占便宜」的道理，所以頗能自我節制，並且以此塑造自己的美好形象。他的行為雖然難免有些許好名、做作，但卻讓我們感受到一個活生生的生命，他也有一般人的優點與缺點。

由此看來，游俠的行為如果孤立來看是很難評估其價值的。如果在一個社會正義能充分維持，民怨可以循正常管道發抒的地方，游俠的行為就沒有特別可貴之處，他們甚至只是在體制外另外結合成一個新的權貴集團。但是在黑暗的世界，在正義真理渺不可尋的時代，在整個政治社會體制的合理性已蕩然無存的情況下，游俠所體現的抗議精神，至少是苦難民眾的一點安慰。在民間傳說中，俠客的故事一直受到人們的喜愛，不正反映了廣大苦難民眾在訴苦無門下，對伸張「另一種正義」的游俠的渴望？

如果專制帝王與權貴集團本身縱慾自恣，占盡一切便宜後，還像〈酷吏列傳〉中所載，以法令作為暴政的幫凶，以法官作為暴政的劊子手，卻要求人民溫柔敦厚，重禮守紀，那就不能責怪下層人民另立一套正義的標準了。需知，游俠行事雖然不合規矩、節度，但王公貴人的守禮（很多赤裸裸的暴力就不用談了），有時卻是因為他們已占盡了一切便宜，所以可以好整以暇地偽飾禮法，為自己美容，表現雍容的氣度。社會上被欺壓的大眾如果也永遠奉行溫柔敦厚的禮教，將永遠沒有翻身的餘地，因為他們渴望得到拯救的「包青天」是永遠不會出現的。所以透過游俠的「以武犯禁」，直接向不義的「王法」挑戰，有時反而能多少紓解受壓榨人民內心的憤懣。

游俠為苦難民眾維繫住最後的一絲抗議精神，同時也在虛偽的禮教社會外樹立了另一種與士大夫截然不同的人格典型，這是司馬遷歌頌游俠最主要的原因，也是我們衡量游俠的行徑時應該加以考慮的。

司馬遷「是非頗繆於聖人」？

《漢書・司馬遷傳》贊云：「其是非頗繆於聖人：論大道，則先黃、老而後六經；序游俠，則退處士而進姦雄；述貨殖，則崇勢利而羞賤貧。此其所蔽也。」班固所謂「論大道」、「述貨殖」的問題，不在本文論述範圍，至於他認為司馬遷論述游俠時，「退處士而進姦雄」，而且《史記》對游俠的評價與聖人頗有差異，則牽涉到司馬遷作史的基本觀點，值得討論。

對於班固的評論，歷來爭議頗多，其中反對的意見以王叔岷教授的〈班固論司馬遷是非頗繆於聖人辯〉闡述最為詳盡[3]。他認為司馬遷並非不重處士，只是對於處士較看重他們的節操，對於游俠較看重他們的功效，所以〈游俠列傳〉中所論「誠使鄉曲之俠，予季次、原憲比權量力，效功於當世，不可同日而論矣。」並非「退處士」，而是偏重點不同。至於姦雄乃姦詐豪雄，欺世利己，如少正卯、曹操之類，所以認為史遷「進姦雄」是比喻失倫。此外，史遷所取之游俠兼具仁愛、義氣、廉潔、退讓等美德，那麼游俠不但不是「姦雄」，而且頗合乎「聖人之道」。

王氏的辯駁固然相當縝密，他對「退處士而進姦雄」的質疑也相當可取，但卻忽略了游俠的行徑與正統士大夫有本質上的不同。而且司馬遷對游俠的態度也與儒家精神大相逕庭，所以班固縱然在評論司馬遷「序游俠，則退處士而進姦雄」時，下筆稍有疏失，但他對游俠的態度正代表了傳統士大夫的正統觀點，而且他對司馬遷「是非頗繆於聖人」的批評，也相當符合「聖人」的立場，其理由如下：

[3] 中央研究院，《國際漢學會議論文集：歷史考古組》。並收入黃沛榮編，《史記論文選集》，臺北：長安，一九八四。

(1)司馬遷稱讚游俠「其言必信，其行必果」，賦予很高的評價，但孔子卻認為「言必信，行必果，硜硜然小人哉。」（《論語・子路第十三》）孟子也認為「大人者，言不必信，行不必果，惟義所在。」（《孟子・離婁下》）可見游俠所信奉的價值標準與孔孟差異極大。另外，游俠「不愛其軀，赴士之阨困」，也與儒者「身體髮膚，受之父母，不敢毀傷」的信念不同，「父母存，不許友以死」（《禮記・曲禮上》）才是儒者奉行的準則。

(2)儒家思想重人倫、重秩序、提倡社會的穩定性，基本上對政權的穩定具有正面的貢獻，游俠則「以武犯禁」，游離於封建社會的體制之外，成為社會上的不穩定因素，對政權的穩定具有潛在威脅性，希望維護現存秩序的士大夫集團必然不喜游俠。

(3)游俠擁有強大的社會支配力，這股力量又具有不穩定性，很難以王法、綱常名教加以約束，所以認為游俠是「姦雄」，正代表了正統士大夫的觀點。班固認為司馬遷「序游俠，則退處士而進姦雄」，代表正統士大夫對游俠這類人物的潛在破壞力的憂慮。

(4)游俠另立一種正義標準，行為不合乎規矩、節度、禮教，對儒者理想的「正統秩序」是一種威脅。

(5)司馬遷大量引用「異端」的話語，諸如「何知仁義，已饗其利者為有德。」「伯夷醜周，餓死首陽山，而文、武不以其故貶王；跖、蹻暴戾，其徒誦義無窮。」「由此觀之，竊鉤者誅，竊國者侯，侯之門，仁義存。」藉此懷疑正統道德的可靠性，並支持他歌頌「不軌於正義」的游俠的論點，可見司馬遷的立場與聖人的教訓有很大的差異，也可看出游俠的行徑與「聖人」的傳統有很大的差異。

總之，司馬遷所歌頌的游俠，其信念、行為與聖人教訓及正統儒者的要求均有極大的差異，所以班固批評司馬遷「是非頗繆於聖人」，是相當符合實情的。班固本其父班彪之說，進而提出的此一批評，表現了他敏銳的歷史洞識；他看到了司馬遷思想中的「異端性」，以正統儒者自居的他自然會對司馬遷有所不滿了[4]。當然，「是非頗繆於聖人」並不就代表司馬遷的史識有何瑕疵，他大膽的歌頌游俠，正代表他的史識超乎流俗，卓爾不群。今天，我們跳開了傳統士大夫的立場，更容易體會司馬遷的用心。

[4] 班彪甚至很切直的對司馬遷做出人身攻擊，他認為司馬遷「大敝傷道，所以遇極刑之咎也。」（見《後漢書·班彪傳》載彪〈後傳略論〉）

中國哲學與中國文化

作者／成中英

本書由作者的十一篇論文組成，從中國哲學觀點論述中國文化五千年之獨特價值，並以方法學及西方哲學的知識，倡導中國哲學的重建。以深厚的人生與歷史經驗為基礎，反映出對世界與生命的理解，知識歷久，而智慧不衰。

儒家思想——以創造轉化為自我認同

作者／杜維明

本書展示了作者為建立當代儒學的核心價值和終極關懷所作的努力。書中所探究的基本議題——人類與自然的和諧、個人與群體的互動、人心與天道的相應，都是導源於「為己之學」，而通向家國天下，並遙契天命的儒家教言。

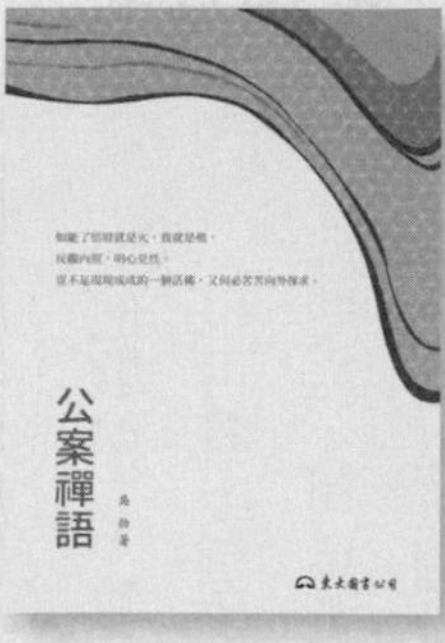

公案禪語

作者／吳　怡

禪宗在中國哲學史上是難得的奇葩，本書第一部分為四十則重要公案，皆表現了禪宗思想的某一特色，亦代表其繼承脈絡。第二部分為《無門關》註解，作者完璧歸趙，讓這部流落異鄉數百年之久的寶典，重現光華。

國家圖書館出版品預行編目資料

史記的人物世界／林聰舜著.——三版一刷.——臺北市：三民，2020
面；　公分.——（Culture）

ISBN 978-957-14-6847-1（平裝）
1. 史記 2. 研究考訂

610.11　　109007925

Culture

史記的人物世界

作　　者　林聰舜
發 行 人　劉振強
出 版 者　三民書局股份有限公司
地　　址　臺北市復興北路 386 號（復北門市）
　　　　　臺北市重慶南路一段 61 號（重南門市）
電　　話　(02)25006600
網　　址　三民網路書店 https://www.sanmin.com.tw

出版日期　初版一刷 2003 年 7 月
　　　　　二版一刷 2015 年 8 月
　　　　　三版一刷 2020 年 7 月
書籍編號　S780930
I S B N　978-957-14-6847-1

三民書局